믿음의 역동성

믿음의 역동성

2010년 3월 9일 초판 3쇄 발행

지은이 폴 틸리히
옮긴이 최규택
펴낸이 정병석

도서출판 그루터기하우스
서울특별시 강남구 논현동 95-2호 대호빌딩 4층
Tel 514-0656 | Fax 546-6162
gruturgi21@hanmail.net
등록 2000년 11월 28일 제16-2289호
ISBN 89-952024-5-9 03230

Dynamics of Faith
Copyright ⓒ 1957 by Paul Tillich
Published by Harper
Originally Published in the U.S.A.

Korean Edition ⓒ 2005
by Gruturgi House Publishing Co., Seoul, Korea

본서의 한국어판 저작권은 그루터기하우스에 있습니다.
저작권법에 의하여 한국 내에서 보호를 받는 저작물이므로
무단전재와 복제를 금합니다.

> 그 중에 십분의 일이 오히려 남아 있을지라도 이것도 삼키운바 될 것이나 밤나무, 상수리나무가 베임을 당하여도 그 그루터기는 남아 있는 것 같이 거룩한 씨가 이 땅의 그루터기니라(이사야 6:13).

믿음의 역동성
DYNAMICS OF FAITH

폴 틸리히 지음 | 최규택 옮김

그루터기하우스

c·o·n·t·e·n·t·s · 1

폴 틸리히 일생 · 6
서문 · 26

1장 | 믿음이란 무엇인가?

궁극적인 관심으로서의 믿음 · 31
중심적인 행위로서의 믿음 · 35
믿음의 원천 · 40
믿음과 거룩의 역동성 · 45
믿음과 의심 · 50
믿음과 공동체 · 58

2장 | 믿음이 아닌 것은 무엇인가?

믿음의 의미에 대한 지적 왜곡 · 71
믿음의 의미에 대한 자발적 왜곡 · 77
믿음의 의미에 대한 감정적 왜곡 · 81

3장 | 믿음의 상징들

상징의 의미 · 87
종교적 상징들 · 90
상징들과 신화들 · 96

4장 | 믿음의 유형들

믿음의 요소들과 그것들의 역동성 · 107
믿음의 존재론적 유형들 · 110
믿음의 도덕적 유형들 · 119
믿음의 유형들의 연합 · 125

5장 | 믿음의 진정성

믿음과 이성 · 133
믿음의 진정성과 과학적 진정성 · 140
믿음의 진정성과 역사적 진정성 · 147
믿음의 진정성과 철학적 진정성 · 152
믿음의 진정성과 그 기준 · 160

6장 | 믿음의 삶

믿음과 용기 · 167
믿음 그리고 인격의 통합 · 175
믿음, 사랑 그리고 행위 · 183
믿음의 공동체와 그것의 표현들 · 190
믿음과 믿음의 충돌 · 196

결론 | 현대에 있어 믿음의 가능성과 필연성 · 202

| 폴 틸리히의 일생 |

폴 틸리히는 20세기가 낳은 가장 위대한 기독교 철학자와 신학자들 중 한 명이다. 그의 길고도 탁월한 경력은 모국인 독일에서 깊이 뿌리가 내려졌고 미국에서 풍성한 결실이 맺혀졌다. 특별히 생애 마지막 10년은 그의 탁월함이 최고조에 이르렀던 시기였다. 이 시기 동안 그의 강의실은 수 백 명의 학생들로 가득 메워졌다. 때로 그의 강의실에는 그의 강의와 설교를 듣기 위해 수 백 명이 아닌 수 천 명의 젊은이들과 장년들이 모여들기도 했다. 그는 많은 책들 집필했으며 그것들은 하나 같이 널리 읽혀졌고 호평을 받았다. 특히 「존재의 용기」Courage to Be와 이 책, 「믿음의 역동성」Dynamics of Faith은 독자들로부터 대단한 사랑을 받아 베스트셀러가 되기도 했다. 그는 총 열네 권의 책을 집필했다. 물론 여기에는 그의 권위 있는 세 권의 설교집과 세 권으로 구성된 대작, 조직신학Systematic Theology은 포함되어 있지 않다. 이러한 정황을 살펴 볼 때, 1950년 대 중반까지 미국 신학계를 주름잡고 있었으며 폴 틸리히의 친구이자 동료이기도 했던 라인홀드 니버Reinhold Niebuhr가 그를 '감화력이 있는 신학자a seminal theologian'라고 묘사했던 것도 이상한 일이 아닐 것이다.

   그는 인생 말년에 접어들면서 더욱 대단한 성공을 이루어 냈다. 그리고 그의 친구들과 동료들은 이것을 당연한 결과로 받아들였다. 왜냐하면 그는 학생들을 매료시키는 선생이었으며 카리스마를 발산하는 설교자였기 때문이다. 실로 그에게는 탁월한 면이 있었다. 학자이자 설교자로서의 경력이 무르익을수록 그의 영향력은 더욱 깊어지고 넓어졌다. 그는 방대한 독자층을 형성했다. 기독교 전임 사역자들 뿐 아니라 성숙한 평신도, 신학생들까지 그의 책을 읽기 시작했다. 물론 그들은 저마다 다른 교파에 속한 기독교인들이었다. 그뿐 아니라 그의 책들은 기독교 교회 또는 기독교 단체와 관련이 적거나 관련이 없는 많은 사람들에게도 지대한 관심을 불러 일으켰다.

   틸리히는 시종일관 자신의 소명에 신실하게 반응하고 순종한 충성스럽고 진지한 사람이었다. 그는 젊은 시절 신학과 철학에 매료되면서 이전부터 세워왔던 건축가의 꿈을 내 던졌다. 그는 머리 속을 자기만의 세계관으로 가득 채운 인문주의자였다.

그는 극도로 개인적인 감각을 통해 문명의 성격을 이해했다. 그는 선생님들과 친구들로부터 중요한 교훈을 얻을 때마다 그것들을 결코 잊어버리지 않았다. 그래서 그의 가까운 친구이자 동료였던 역사신학자 빌헬름 파우크Wilhelm Pauck는 그를 일컬어 '자전적 사고자autobiographical thinker'라고 말하기도 했다.

폴 요한스 오스카 틸리히Paul Johannes Oskar Tillich는 1886년 독일 프러시아의 작은 마을에서 태어났다. 그곳은 복음주의 프러시아 루터 교회 협회의 고위 임원이었던 그의 아버지의 고향이기도 했다. 그는 낙관주의가 팽배했던 19세기에 유년 시절을 보냈다. 당시 독일 국민들은 승전을 알리는 군악대의 연주 소리에 고무되어 있었으며 연방 군주의 보호 아래에서 안도감을 느끼고 있었다. 그는 열네 살이 될 때까지 프러시아의 중심인 브란덴부르그Brandenburg에 있는 중세풍의 한 작은 도시에서 살았다. 그 도시에 즐비하게 늘어선 고딕 양식의 교회들과 고풍스러운 집들은 그에게 감수성을 키워주었다. 이후 그는 베를린Berlin으로 이주했다. 그는 평소 큰 도시에서 살고 싶은 열망을 가지고 있었는데 그것이 이루어진 것이었다. 유년 시절 틸리히는 천진난만한 삶을 살았다. 그는 높은 벽으로 둘러 쌓여 있는 정원에서 여동생과 함께 뛰어 놀았다. 그는 어머니를 무척이나 사랑했던 아이였다. 하지만 그의 어머니는 그가 열일곱 되던 해에 세상을 떠나고 말았다. 그는 아버지 역시 사랑했던 아이였다. 하지만 그는 마음 한편으로 아버지를 두려워하기도 했다. 유년 시절 틸리히는 그의 아버지와 토론을 하던 중 무^{nothingness}의 개념에 대해 궁금증을 느끼게 되었다. 즉, 그는 그리스의 철학자 페르메니데스^{Parmenides}가 던진 "왜 무는 존재하지 않는가?"라는 질문에 대해 심한 궁금증을 품고 있었던 것이다. 하지만 그가 정통적 기독교 사고방식을 고수하고 있었던 아버지에게 그와 관련한 질문을 던지는 것은 매우 어려운 일이었다. 그것은 죄책감을 불러일으키기까지 하는 일이었다. 그에게 있어 아버지는 인간적인 부분뿐 아니라 지적인 부분에 있어서도 권위의 상징이었던 것이다.

이 후 틸리히는 할레^{Halle}대학과 튀빙겐^{Tubingen}대학에 다니고

서야 비로소 평소 자주 물어보고 싶어했던 질문을 할 기회를 얻게 되었다. 할레대학에서 그는 조직신학자 마르틴 캘러$^{Martin\ Kahler}$에게 많은 영향을 받았다. 캘러는 독일의 대문호들, 특별히 괴테^{Goethe}가 꽃피운 인문주의를 개방적으로 받아들이면서 동시에 종교개혁가들, 특별히 루터가 정의한 믿음의 개념을 마음으로 이해했던 인물이었다. 틸리히가 캘러에게 가장 큰 빚을 진 것은 그를 통해 이신칭의$^{justification\ by\ faith}$의 교리를 체계적으로 이해하게 되었다는 것이다. 더욱이 그는 이신칭의의 의미를 지적 사고의 영역에까지 적용시키면서 스스로의 정신을 자극시켰다. 즉, 그는 비록 우리가 죄인이라 할지라도 하나님의 시각을 받아들임으로써 의롭게 될 수 있다고 생각했을 뿐 아니라 심지어 우리가 의심을 품고 있는 자라 할지라도 그렇게 될 수 있다고 생각했다. 틸리히는 결코 독단주의자가 되려 하지 않았다. 캘러는 또한 틸리히에게 화해^{mediation}의 개념을 소개하기도 했다. 틸리히는 자신을 철학과 신학 사이, 인간적 문화와 종교 사이, 세속적인 것과 거룩한 것 사이에 존재하는 인물로 묘사한 자전적 평론 「경계선 상에서」On the Boundary를 통해 그 사실을 언급했다. 캘러는 또한 기독교 신앙의 중심에는 역사적 예수가 있어야 하는 것이 아니라 그리스도 즉, 메시아이자 구원자로 믿어지는 예수가 있어야 한다고 틸리히에게 강조하기도 했다.

할레대학에 있는 동안 틸리히는 후에 취리히 기술 대학교 철학부 학과장이 된 철학 강사 프리츠 메디커스Fritz Medicus와 함께 공부하기도 했다. 그는 틸리히에게 셸링Schelling의 작품들을 토대로 학위논문을 쓸 것을 권유했다. 틸리히는 논문을 쓰기 시작하면서부터 셸링의 사상에 매료되어 많은 부분 그의 사상에 동화되었다. 그래서 셸링의 사상은 틸리히의 논문의 한 부분을 차지하게 되었다. 특별히 틸리히는 셸링의 개념들 중 진정한 시간right time을 의미하는 '카이로스Kairos'라는 개념과 '악마적demonic'이라는 개념을 도입하여 사용하기도 했다. 틸리히는 일평생 동안 캘러와 메디커스에게 받은 영향을 그대로 유지하면서 살았다.

당시 틸리히는 '윈골프Wingolf'라 불렸던 유명한 기독교 학생 단체의 일원이기도 했다. 그리고 자기가 속한 대학교에서 이 단체의 최초 회장을 역임하기도 했다. 그뿐 아니라 생동감 넘치는 많은 토론회의 의장이 되기도 했다. 이 토론회에서는 학생들의 일상 생활을 도울 수 있는 실재적인 원리들을 놓고 열띤 의견들이 오갔다. 그는 이 당시를 토마스 맨Thomas Mann에게 쓴 유명한 편지를 통해 이렇게 회상했다(1943년 5월 23일). "내가 한 명의 철학자이자 한 명의 인간이 되어 갈 수 있었던 것은 부분적으로 교수님들의 덕택 때문이었네. 하지만 그것은 전적으로 그 대학생 단체의 도움 때문이었네. 자정 이후까지 계속된 신학적, 철학적 논쟁과 새벽까지 이어진 개인적인 대화들은 내 전 생애에 매우 중대한 영향을 끼친 경험들이었네." 이 글을 통해 살펴 볼 때 토론과 논쟁에 임했던 틸리히의 자세는 결코 대립적이지 않았다. 그래서 라인홀드 니버는 그를 '평온한 신학자a pacific theologian'라고 부르기도 했다.

틸리히가 박사과정을 마치고 복음주의적 프로이센 루터 교회의 목사로 안수를 받은 직후 1차 세계대전이 발발했다. 그는 독일군에 징집되어 군목으로 활동했다. 틸리히의 젊은 시절은 결국 좌절로 끝나고 말았다. 이전까지 그는 인간 스스로 자연을 통제할 수 있으며 삶의 여러 가지 난관들을 헤쳐나갈 수 있다고 믿었던 시대 정신 즉, 19세기 정신에 흠뻑 젖어 살아오고 있었다. 하지만 전쟁기간 동안 그는 문명국이 가지고 있었던 거대한 자기 확신이 깨지는 것을 직접 몸으로 경험하게 되었다. 그는 베르됭Verdun 전장에서 극심한 공포의 밤들을 지내야 했다. 그는 두 눈으로 전제군주 시대의 막이 내려지고 기독교 부르주아 문명이 종결되는 것을 목격했다. 그는 밤마다 화염에 휩싸인 전장에서 부상자들의 몸을 질질 끌면서 운반해야 했다. 그는 실로 절망을 경험했던 것이다.

틸리히는 전쟁이 시작되기 바로 전 결혼했다. 하지만 1919년 그가 다시 베를린으로 돌아왔을 때 아내가 외도를 했다는 사실을 알게 되었다. 그녀는 그의 가장 절친한 친구의 아이를 임신하고 있었던 것이다. 전후 혼란과 개인적 비탄의 한 복판에 선 틸리히는 베를린에서 감정적이고 활동적인 보헤미안의 삶에 흠뻑 빠져들게 되었다. 그는 자신이 가정에서 경험한 절대권위와 대학생 단체인 윈골프에서 경험한 도덕주의로부터 자유롭게 되기를 갈망했다. 그는 첫 번째 아내와 이혼한 후 시인이자 미술가인 한나 베르너$^{Hannah\ Werner}$와 재혼했다. 그리고 그 결혼생활은 틸리히가 죽은 1965년까지 지속되었다.

자신이 이해하고 있었던 문명이 몰락되었음에도 불구하고 틸리히는 용감하게도 유럽문화를 재건하기 위해 나선 젊은이들과 함께 일하기로 결심했다. 그는 베를린에서 '종교적 사회주의자들$^{Religious\ Socialists}$'이라는 클럽에 가입했다. 그리고 이내 가장 창의적인 사고자이자 주도적인 연설자라는 정평을 얻게 되었다. 그 클럽은 작은 규모였지만 회원들의 충성도는 대단했다. 그러나 정치적 영향력은 없었다. 당시 많은 당원들을 거느린 나치당과 공산당, 그 밖의 군소 정당들은 정치권력을 얻기 위해 지속적으로 투쟁하고 있었다. 그들은 또한 모두 독일 국민들을 괴롭히고 있었던 극심한 경제 침체와 최악의 인플레이션으로 골머리를 썩고 있었으며 그 원인을 당시 정치 권력인 바이마르^{Weimar} 공화국에게 돌리면서 이 정권의 종식을 주장했다. 이런 과정에서 결국 바이마르 공화국은 붕괴되고 히틀러Hitler는 정권을 획득하게 되었다. 그리고 극악한 폭력은 시작되었다.

틸리히는 프랑크푸르트Frankfurt 대학 철학부 학과장을 역임하고 있었으나 히틀러 정권이 들어서면서 그 자리에서 해임되고 말았다. 어떤 사람은 그의 해임을 두고 축복의 가장된 형태라고 말하기도 했다. 이후 라인홀드 니버의 도움으로 뉴욕에 있는 유니온 신학교Union Theological Seminary로 초청되었다. 그는 이곳에서 그의 경력이 시작되면서부터 지금까지 몰두해왔던 사상적 작업들을 계속해 갈 수 있었다. 그리고 한 가지 재미있는 사실은 복잡하고 때로는 애매하기까지 한 그의 사상들이 당시 실용주의가 두드러지게 환영 받고 있던 미국 사회에서 하나의 탁월한 지적 분야로서 받아들여 졌다는 것이다. 그는 마흔일곱이라는 적지 않은 나이에 고통을 감수하면서 영어를 배우기 시작했다. 그리고 결국 그 언어를 마스터했다. 물론 발음은 좋지 않았겠지만 그는 영어를 통해 추상적인 관념들을 더욱 명료하게 표현할 수 있었으며 그것들을 이해하기 쉬운 이론으로 정립할 수 있었다.

비록 그는 유니온 신학교에서의 새로운 환경과 조건이 마음에 썩 들지는 않았지만 그것을 기꺼이 받아들이려고 애썼다. 그는 그 당시를 회상하며 이렇게 말하기도 했다. 프랑크푸르트 대학교에서는 전임교수로 봉직해 왔었는데 유니온 신학교에서는 단순한 시간강사 자리도 구하기 어려웠다고 말이다. 하지만 그는 결코 그러한 환경에 대해 불평하지 않았고 과거로 돌아가고픈 생각도 하지도 않았다.

학생들과 교수들은 곧 그의 탁월함을 인식하기 시작했다. 그들은 역사적 맥락에서 자신의 사상을 서술한 틸리히의 글들은 서술 그 자체에서 그치는 것이 아니라 인류의 역사와 문화적 역사, 그리고 특별히 기독교 신학과 철학의 사상적 역사를 전반적으로 아우르고 있다는 사실을 알게 된 것이다. 틸리히는 강의를 하고 글을 쓸 때뿐 아니라 다른 사람들과의 대화 속에서 개인적인 의견을 제시할 때에도 과거의 역사를 현대의 문화적, 영적 위기 상황들 속으로 가져와 그것들을 진단하였다. 그는 키에르케고르Kierkegaard, 도스토예프스키Dostoyevsky, 니체Nietzsche, 마르크

스^{Marx}, 프로이트^{Freud}와 같은 진단자들의 시각을 통해 현대의 위기 상황을 진단하려고 노력했다. 그는 또한 플라톤^{Plato}과 플로티누스^{Plotinus}가 말했던 본질$^{the\ essences}$의 개념, 스토아학파^{Stoics}가 말했던 이$^{the\ Logos}$의 개념, 어거스틴^{Augustine}이 말했던 은혜^{Grace}의 개념, 에카트^{Eckhart}가 말했던 하나님은 존재다$^{God\ is\ being}$의 개념, 쿠자누스^{Cusanus}가 말했던 상반되는 것들이 동시에 일어나는 것$^{coincidence\ of\ opposites}$의 개념들을 도입했다. 그는 특별히 루터가 말했던 개념을 적극적으로 도입했다. 그는 이신칭의라는 용어의 해석을 통해 기독교의 핵심적인 메시지를 전달하려 했다. 그리고 심판의 하나님과 자비의 하나님, 분노의 하나님과 사랑의 하나님을 동시에 가르쳤다. 또한 칸트^{Kant}, 헤겔^{Hegel}, 그리고 특별히 셸링^{Schelling}과 같은 위대한 독일 철학자들의 사상을 도입하면서 하나님을 존재의 근원이자 심연으로 이해했다. 또한 기독교라는 종교의 역사적 해석을 시도하기 위해 지금까지 기독교 내에 존재해왔던 초자연적 권능을 폐기시켜 버린 슐라이어마허^{Schleiermacher}, 트뢸취^{Troeltsch}와 같은 자유주의 신학자들의 사상을 변환시켰다. 마치 물을 빨아들이는 스폰지처럼, 그는 기독교의 주요한 교리들에 새로운 생명을 부여함으로써 그것들을 자신의 체계 안으로 빨아들였다. 그는 대작 조직신학을 완성한 후 자신의 강의실에서 수업을 듣는 학생들을 첫 번째 독자로 선정했다. 많은 학생들은 마치 나무토막을 쌓아가듯 체계적으로 구축된 그의 신학적 업적물을 대하면서 그것에 매료되지 않을 수 없었다.

2차 세계대전 기간 동안 그는 강의실 밖에서도 미국 정치에 어느 정도 참여하였다. 그는 사회주의 기독인 연합회the Fellowship of Socialist Christians에 가입하였고 뉴 딜New Deal 정책을 지원하기도 했다. 그는 셀프 헬프Self Help라는 단체를 설립하여 피난민들을 위해 일자리와 안식처를 알선해 주었다. 그는 또한 라디오 설교와 연설을 통해 독일 국민들에게 압제자인 나치와 맞서 끝까지 싸울 것을 촉구하기도 했다. 틸리히는 히틀러가 패배하고 나면 세계에 건설적이고 새로운 평화가 도래할 것이라는 소망을 가지고 있었다. 전쟁 후 세계의 많은 국가들은 국제적으로 연합하여 하나의 단체를 만들었고 틸리히는 그것이 자신의 소망을 이루어 줄 것으로 생각했다. 하지만 윈스턴 처칠Winston Churchill의 '냉전 선언'과 '철의 장막 선언'은 그의 꿈을 꺾어 버렸다. 즉, 세계는 서방과 동방 또는 소련과 서구세력(특히, 미국)으로 갈라져 대립하게 된 것이다. 틸리히는 엄숙한 마음으로 행동해야 할 적절한 순간(카이로스Kairos)을 기다려야 한다고 생각했고 그 시기를 '거룩한 공백sacred void'이라고 명명하기도 했다.

1949년 틸리히를 비롯하여 독일어를 말할 줄 아는 많은 미국의 학자들은 강연을 하기 위해 독일을 방문했다. 틸리히는 폭넓고 열정적인 청중들의 반응을 확인했다. 과거 그의 친구들과 동료들은 그를 결코 잊지 않고 있었던 것이다. 여러 대학들은 그를 교수로 청빙하고 싶어 했지만 틸리히는 그것을 받아들이지 않았다. 독일 정부 또한 그에게 여러 가지 명예로운 것들을 쏟아 부어주었다. 그는 공로훈장과 괴테 상과 독일 출판업자 및 유통업자들이 수여하는 평화의 상을 받았다. 이처럼 그는 독일 언론에 자주 등장하면서 독일 국민들에게 강력한 영향력을 미치게 되었다.

　틸리히는 인생 역사의 제3기라고 말할 수 있는 시기를 보내면서 한 가지 사명감을 느끼게 되었다. 그것은 바로 문화적 격변기를 맞이하면서 여러 가지 실재적인 문제점들과 어려움들에 직면하고 있는 동시대 사람들을 도와야겠다는 것이었다. 사람들은 전통적인 가치를 잃어가고 있었으며 허무주의에 의해 지배되어 가고 있었기 때문에 어쩌면 그것은 틸리히에게 있어 당연한 선택이었다. 사람들은 무의미와 근심의 희생자들이 되어가고 있었던 것이다. 틸리히는 인간이 처한 상황을 가능한 깊고 풍부하게 이해하려고 노력했다. 그는 교회 조직과 정치 체제라는 특별한 문제뿐 아니라 인간이 처한 근심, 갈등, 죄책감의 구조까지 심도 있게 파헤쳐 나갔다. 틸리히는 동시대 사람들이 기독교의 메시지를 살아있는 복음으로 이해할 수 있도록 그것을 재해석하려고 노력했다. 그는 기독교의 메시지가 사람들에게 효과적으로 전달될 수 있는 것이 되어야 한다고 믿었다. 그리고 기독교 교리와 표현 형태의 재해석이 그것들이 본래 가진 능력을 더욱 새롭게 해 줄 것이라고 기대했다.

실로 틸리히는 이 책임을 완수하기 위해 최상의 노력을 기울였다. 그는 때로 '지성인의 사도'라고 불리기도 했다. 그는 실로 자신만의 언어를 가진 지성인들에게 사도와도 같은 존재였다. 하지만 빌헬름 파우크가 언급했던 것처럼 그것은 부분적인 사실에 지나지 않을 수 있다. 비록 틸리히는 급속한 세속화로 인해 영적 공허함 속에 빠져 있던 당시 지성인들을 위해 기독교라는 종교를 새로운 시각으로 재해석해 주었지만 그는 결코 그들의 언어를 통해 그 작업을 수행하지 않았다. 틸리히는 지성인들의 상태를 이해하고 그들의 근심을 안타깝게 생각했지만 그는 그들의 언어가 아닌 자신의 언어를 통해 이야기했던 것이다. 틸리히는 근본적으로 거룩하게 되기를 중단해 가고 있고 악마의 조정 하에서 타락해 가고 있는 근대 문명의 상태를 염려했다. 물론 그가 염려했던 이러한 분위기와 경향은 나치 정권과 볼세비키 정권 하에서뿐 아니라 서구 문명 속에서도 계속 존재해 왔던 것이기는 했다.

틸리히는 종교를 '본질, 인간의 영적 삶의 근거와 깊이'라고 정의했다. 또한 그는 '궁극적 관심$^{ultimate\ concern}$'이라는 용어의 사용을 통해 종교와 믿음을 정의했다. 그는 '종교' 또는 '믿음'을 '존재 자체'의 능력 또는 '무조건적 관심' 또는 '무조건인 관심의 대상인 하나의 것'에 의해 사로 잡혀 있는 상태로 표현했다. 이것은 유명한 루터의 해석과 매우 비슷하게 들리지만 틸리히만의 독특한 정의임에 분명하다. 틸리히에 의하면 믿음은 '무조건적인 관심의 대상인 하나의 것에 사로잡혀 있는 상태'이다.

틸리히가 재해석하여 사용했던 또 하나의 용어는 '새로운 존재$^{New\ being}$'이다. 그는 바울이 고린도후서 5장 17절에서 말한 내용이 바로 이것이라고 생각했다. "그런즉 누구든지 그리스도 안에 있으며 새로운 피조물이라 이전 것은 지나갔으니 보라 새 것이 되었도다" 이것은 틸리히의 확신과 완벽하게 부합되는 말이다. 그는 교리들, 신조들 그리고 종교적 교조들과 같은 '오랜 상징들'은 문자 그대로 해석되어서는 안 된다고 생각했다. 그렇다고 그가 이러한 용어들이 신화적인 것들로 받아들여져야 한다고 생각한 것은 아니었다. 그는 그것들이 문자적으로 해석되는 대신 영적으로 받아들여져야 된다고 느꼈던 것이다. 그는 그 용어들의 의미를 역사적 전통으로부터 유추하여 표현하거나 또는 당대의 경험, 인간을 소외시키는 죄, 인간을 수용하는 은혜, 영적 임재로서의 성령님의 개념으로부터 유추하여 표현하였다.

「믿음의 역동성」*The Dynamics of Faith*은 현대인들에게 폴 틸리히의 사상을 대중적 차원에서 소개할 수 있는 가장 유용한 책이 될 것이다. 그는 독자들에게 무엇이 믿음이며, 무엇이 믿음이 아닌지를 말해 준다. 그는 믿음의 교리들과 믿음의 유형들, 믿음의 진정성, 그리고 마지막으로 믿음의 삶을 서술한다. 그는 비록 종교적 언어들이 다른 어떤 언어들보다 오해되기 쉽고 왜곡되기 쉽고 정의에 있어 의문점을 남기기 쉽지만 그것들을 선택하여 사용하고 있다. 하지만 믿음에 대한 그의 설명은 오늘을 사는 우리에게 매우 유용한 도움을 줄 것이다. 틸리히는 믿음이라는 용어는 혼란을 야기하고 회의주의를 낳을 수 있다고 생각했다. 만약 그가 믿음이라는 용어가 아닌 더 적당한 새로운 용어를 찾아 낼 수 있었다면 그는 그렇게 했을 것이다. 하지만 세상에 그런 용어는 존재하지 않는다. 그래서 틸리히는 동시대 독자들을 위해 이 용어를 재해석했으며 그것은 오늘을 사는 현대인들에게도 많은 도움을 줄 것이다. 그는 우리가 우리 자신보다 더 큰 어떤 것에게 우리 자신을 줄 수 있도록 독려할 것이다. 그리고 그의 독려를 통해 우리는 우리의 진정한 모습을 발견하게 될 것이다. 여기서 '더 큰 어떤 것에게 우리 자신을 준다'는 것은 바로 종교적 믿음의 핵심이다.

여러 가지 용어들의 의미를 설명하는데 있어 틸리히는 인간의 상태를 날카롭게 파악해 내는 진단자가 되려 했을 뿐 아니라 '궁극적 관심(하나님)'을 진술하면서도 철저하게 피력해 내는 연설자가 되려 했다. 그의 궁금증은 '존재^{being}는 실재하는가'라는 것과 '무가 아닌 것$^{not\,nothing}$은 실재하는가'라는 것이었다. 의미(진리, 아름다움, 선함에 내주해 있는)는 실재하고 무의미하지 않는 것도 실재한다. 모든 존재들과 의미들은 기원이며 운명이라는 차원에서 존재 그 자체$^{being\ itself}$에 의존한다. 노년 시절 그가 가졌던 궁금증들은 유년 시절 가졌던 궁금증만큼이나 강렬했다.

 일평생 동안 틸리히는 열정적인 청중들을 매료시켰으며 그들의 사고에 지대한 영향을 끼쳤다. 그가 세상을 떠난지도 벌써 36년이나 되었다. 그는 어떤 특정한 학파를 형성한 것은 아니었지만 그의 작품들은 학계와 종교계 그리고 세속 사회에서 활발히 살아 숨쉬고 있다.

마리온 파우크$^{Marion\ Pauck}$

팔로 알토, 캘리포니아

2001년 5월

| 서문 |

  종교적인 용어 중에서 '믿음faith' 만큼 그 정의에 있어 오해되기 쉽고 왜곡되기 쉽고, 의문을 불러일으키는 용어는 거의 없을 것이다. 왜냐하면 그것은 신학적 측면과 대중적 측면 모두에서 사용되고 있는 용어이기 때문이다. 이것은 사람을 치료하기 위해 사용되기 전에 그 자체가 치료될 필요성이 있는 용어들 중 하나이다.

  오늘날에 있어 이 믿음이라는 용어는 건강을 증진시켜주는 용어라기 보다는 오히려 병을 양산하는 용어가 되고 있다. 이것은 사람들을 혼란에 빠트리고 잘못된 길로 인도하며 회의주의와 광신주의, 지적 저항과 감정적 항복, 진정한 종교에 대한 거부와 대용물에 대한 복종을 번갈아 창조하고 있다. 어떤 사람들은 이 믿음이란 용어가 완전히 폐기되어야 한다고 주장한다. 하지만 그들이 원하는 만큼 그것이 가능해 보이지는 않는다. 왜냐하면 강력한 힘을 가진 전통은 믿음이라는 용어를 보호하려 할 것이기 때문이다. 또한 믿음이라는 용어가 내포하고 있는 진정한 실체를 제대로 표현해 줄 대용 용어도 없어 보이기 때문이다. 그래서 임시방편으로나마 이 문제를 다룰 수 있는 유일한 길은 믿음이란 용어를 재해석하고 그 용어 안에 함축되어 있는 혼란스럽고 왜곡된 의미들을 제거해 내는 것이다. 그것들 중 어떤 것들은 수 세기 동안 지속되어 온 유산이기도 하다. 나는 작가로서 그와 같은 최소한의 목적만이라도 성공적으로 이루어 보려는 소망을 가지고 있다. 물론 나는 독자들로 하여금 그들 속에 믿음의 능력이 숨겨져 있다는 사실과 믿음과 관련된 것들에는 무한한 중요성이 존재한다는 사실을 확신시키려는 더 원대한 목적을 가지고 있지 않은 것은 아니다. 하지만 설령 그것을 이루지 못한다 할지라도 앞에서 언급한 최소한의 목적만은 이루고 싶다.

캠브리지, 1956년 9월

paul tillich

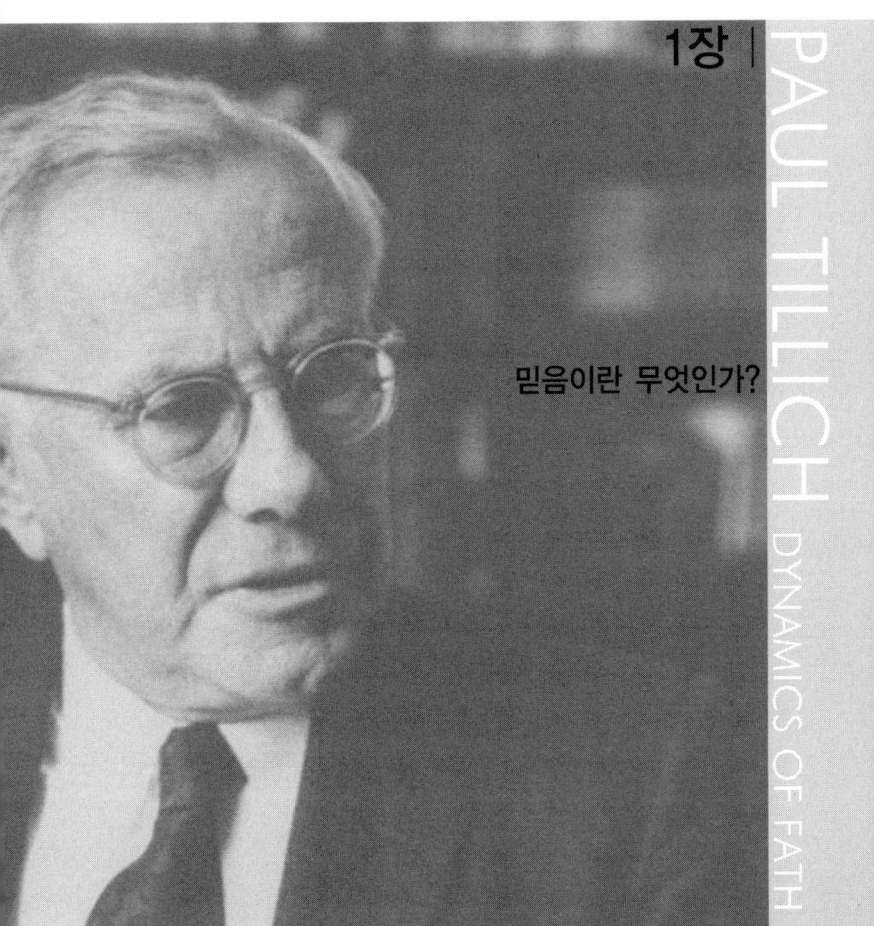

1장

믿음이란 무엇인가?

PAUL TILLICH DYNAMICS OF FATH

궁극적인 관심으로서의 믿음

믿음은 궁극적으로 관심을 가지게 되는 상태이다. 믿음의 역동성은 인간이 가진 궁극적 관심의 역동성이다. 인간은 다른 살아있는 존재들과 마찬가지로 많은 것들에 대해 관심을 가진다. 무엇보다 바로 그 존재의 상태, 가령 음식이라든지 안식처라든지 하는 것들에 대해 관심을 가진다. 하지만 인간은 다른 살아있는 존재들과는 대조적으로 영적인 것들 즉, 지적이고 심미적이고 사회적이고 정치적인 것들에 관심을 가진다. 그것들 중 어떤 것들은 절박한 것이며 경우에 따라서는 극도로 절박한 것이기도 하다. 또한 어떤 것들은 극히 중대한 관심으로써 개인의 삶 또는 사회 공동체에게 궁극성을 주장하기도 한다. 그리고 이것이 궁극성을 주장하고 있을 때 이것은 그 주장을 받아들여야 하는 사람에게 전적인 복종을 요구한다. 하지만 이것은 비록 다른 모든 주장들이 포기되어야 하고 그 이름들조차 거부되어져야 함에도 불구하고 전적인 충만을 약속한다. 만약 어떤 국가의 단체가 국가의 생존과 번영이라는 궁극적 관심에 사로잡혀 있다면 그 궁극적 관심은 그들로 하여금 다른 모든 관심들 즉, 개인적인 풍요, 건강, 개인의 생명, 가족, 심미적이고 인식적인 진리, 정의와 인간애를 희생하라고 요구할 것이다. 금세기에 등장하고 있는 극단적인 민족주의는 인간 존재의 모든 측면에서 궁극적 관심이 무엇을 의미하는지를 공부할 수 있게 하는 실례이다. 극단적 민족주의자는 일상생활을 통해 궁극적 관심의 의미를 드러낸다. 모든 관심은 오직 하나의 신 즉, 국가에 집중되어 있다. 물론 그 국가라는 신은 확실히 악마적인 것으로 판명이 났다. 하지만 그것은 무조건적 성격을 가졌다는 점에서 궁극적 관심의 의미를 분명하게 보여주고 있다.

하지만 궁극적 관심의 대상은 무조건적인 요구만을 하지 않는다. 그것은 또한 믿음의 행위 안에서 주어지는 궁극적 충만을 약속한다. 하지만 그 약속의 내용은 확실하게 정의되지 않는다. 그것은 문자적으로 받아들여 질 수 없는 애매한 상징들 내지는 구체적인 상징들에 의해 표현될 수 있다. 마치 한 국가의 어떤 국민이 국가를 위해 자신의 목숨을 내놓았는데 그것은 바로 국가의 '위대greatness' 때문이었다고 표현할 때처럼 말이다. 또는 인류가 정복의 역사를 만들어 온 것은 '종족 구원saving race'을 위함이었다고 표현할 때처럼 말이다. 각각의 경우에서 약속된 것은 '궁극적 충족ultimate fulfillment'이다. 만약 무조건적 요구가 순종되지 않았다면 이 약속은 궁극적 충족을 위협할 뿐 아니라 궁극적 충족을 배제해 버린다.

 구약 성경에는 이것을 분명히 말해 주는 믿음에 관한 여러 가지 예들이 있다. 구약 성경은 요구와 위협과 약속이라는 구성을 통해 궁극적 관심의 성격을 말하고 있다. 이 관심의 내용은 민족이 아니라 정의의 하나님이다(물론 유대의 민족주의는 가끔 이 사실을 왜곡되게 받아들이고 있긴 하지만 말이다). 왜냐하면 하나님께서는 모든 사람들과 민족들을 위해 공의를 나타내셨기 때문이다. 하나님께서는 우주적 하나님으로 불리셨다. 그분께서는 모든 경건한 유대인들에게 있어 궁극적 관심이셨다. 그분께서는 당신의 이름으로 위대한 계명을 주셨다. "너는 마음을 다하고 성품을 다하고 힘을 다하여 네 하나님 여호와를 사랑하라"(신명기 6장 5절). 이것이 바로 궁극적 관심이 의미하는 바이다. 즉, 궁극적 관심이라는 말은 바로 여기에서 비롯되었다. 그들은 진정한 믿음을 요구 받았으며 그것은 결코 애매모호한 상태가 아니었다. 그들은 궁극적 관심의 대상에게 전적으로 복종하라는 요구를 받았던 것이다. 구약 성경은 이 복종의 본질을 구체화하고 있는 계명들로 가득 차 있다. 그리고 이 계명들과 관련된 약속들과 위협들로 가득 차 있다. 물론 여기에는 상징적 측면에서 볼 때 애매한 약속들도 포함되어 있다. 그들은 민족적인 충족과 개인적인 충족에 집중했지만 결국 민족의 멸망과 개인적 참사라는 위협을 받으면서 그러한 충족에서 멀어지게 되었다. 구약 시대 사람들에게 있어 믿음이란 궁극적으로 존재하는 상태였으며 여호와와 그분께서 요구로써, 위협으로써, 약속으로써 나타내 보이신 것들에 대해 무조건적인 관심을 가지는 것이었다.

또 다른 예는—거의 상반되는 예이지만 의미전달적 측면에서는 동질인 —성공 즉, 사회적 입지와 경제적 능력에 대한 궁극적 관심이다. 이것은 극도로 심각한 경쟁 문화 속에 놓여진 서구인들에게 있어 하나의 신이 되었다. 이것은 궁극적 관심의 모든 속성들을 가지고 있다. 이것은 진정한 인간 관계, 개인적인 확신, 그리고 창조적인 애정의 희생을 감수하고서라도 이것이 가진 법칙에 무조건적으로 항복하라고 요구한다. 이것의 위협은 사회적 경제적 실패이다. 그리고 이 약속은 다른 모든 약속들과 마찬가지로 정의하기는 매우 어렵지만 인간의 존재를 충족시키는 것이라고 할 수 있다. 중요한 종교적 의미를 담고 있거나 종교적 특징을 드러내고 있는 현대 문학은 이러한 종류의 믿음은 파멸되고 만다고 말하고 있다. 이러한 종류의 믿음은 계산이 잘못된 믿음이 아니라 완전히 엉뚱한 믿음이다. 「돌아올 수 없는 점」_Point of No Return_과 같은 소설만 읽어봐도 이것이 얼마나 자명한 사실인지를 잘 알 수 있다. 이러한 믿음은 충족되어도 그 믿음의 약속은 허무한 것으로 판명되고 만다.

믿음은 궁극적으로 관심을 가지게 되는 상태이다. 공식적인 정의만으로 믿음을 이해하는 사람들에게 있어 이것은 그다지 중요한 내용이 아니겠지만 신자의 삶을 살아가는 사람에게 있어 이것은 매우 중대한 내용이다. 이것은 우리가 믿음의 역동성을 이해하기 위해 밟아 나가야 할 과정 중 첫 번째 단계이다.

중심적인 행위로서의 믿음

궁극적 관심으로서의 믿음은 총체적인 인격의 행위이다. 이것은 개인의 삶 한 가운데서 일어나며 믿음이 가지는 모든 요소들을 포함하고 있다. 믿음은 인간 정신의 최 중심부에서 나타나는 행위이다. 이것은 인간의 총체적 존재 중 특별한 부분의 움직임이거나 특별한 부분의 기능이 아니다. 인간의 총체적 존재는 믿음의 행위 안에서 하나로 통일된다. 그렇다고 믿음을 두고 총체적 존재의 일부분들이 모아져서 하나가 된 것이라고 말할 수 없다. 그것은 인간의 총체성뿐 아니라 모든 특별한 부분들을 초월한다. 그것은 총체적 인간 개개인에게 결정적인 충격을 줄 수 있는 그것 자체itself를 가진다.

믿음은 개인의 총체적인 행위이기 때문에 개인의 역동적 삶에 참여한다. 이 역동성은 여러 가지 방법으로 묘사될 수 있다. 특별히, 이것은 최근 발전하고 있는 정신분석학적 측면에서 설명될 수 있다. 양극단에 놓인 것들 간에는 긴장들과 갈등들이 존재한다. 왜냐하면 긴장들과 갈등들은 양극단에 놓인 것들이 가진 일반적인 특징이기 때문이다. 이것은 개인의 심리를 매우 역동적으로 만든다. 또한 믿음의 동적 이론은 모든 인격적인 행위 중에서 가장 인격적인 것을 토대로 설정될 것을 요구한다. 정신분석학에 있어 가장 우선시되고 중요시되는 양극단은 아마도 무의식이라고 불리는 것과 의식이라고 불리는 것일 것이다. 총체적 인격의 행위로서의 믿음은 인간 구조 안에 있는 무의식적 요소들의 참여 없이는 상상할 수 없다. 그것들은 항상 믿음의 내용을 상당부분 수용하고 결정한다. 하지만 무의식적 요소들은 자신을 초월하여 존재하는 인격의 중심부에 들어가 있을 때 믿음을 창조하는데 참여할 수 있다. 만약 이런 일이 일어나지 않는다면 즉, 무의식이 인격의 중심부의 행위에 참여함 없이 어떤 정신 상태를 결정하라고 강압한다면 믿음은 발생하지 않고 충동만이 일어나게 될 것이다. 또한 믿음은 자유의 문제이기도 하기 때문에 자유는 개인의 행위가 인격의 중심부에서 일어날 가능성이라고 말할 수 있다. 최근에 믿음과 자유는 매우 대조적인 것이라는 논의가 있긴 하지만 그것은 소위, 믿음은 자유다, 믿음은 개인의 중심에서 일어난 행위이다 라는 통찰력을 통해 반박되어야 한다. 주의를 기울여보면 자유와 믿음은 매우 비슷하다.

믿음의 이해를 위해 설명할 수 있는 또 다른 중요한 양극단은 프로이트^{Freud}와 그의 학파에서 말하는 자아^{ego}와 초자아^{superego}의 개념이다. 초자아의 개념은 매우 애매모호하다. 하지만 그것은 모든 문화적 삶의 기초가 된다. 왜냐하면 그것은 항상 정력적으로 움직이는 리비도^{libido}의 무제한적인 실현을 제한하기 때문이다. 반면 이것은 인간의 생동력을 잘라 없애고 사회적 제한들의 총체적 체계에 대한 혐오감을 양산하며 정신적 노이로제 상태를 야기한다. 이러한 관점에서 본다면 믿음의 상징성은 초자아적 표식 또는, 좀더 구체적으로 말한다면 초자아에게 만족을 주는 아버지의 이미지적 표식으로 고려되어야 할 것이다. 초자아 이론이라는 부적당한 설명에 대한 책임은 규범과 원칙을 부정하는 프로이트의 자연주의적 사고에 돌려야 한다. 만약 초자아가 유효한 원칙을 통해 자리를 잡지 않는다면 이것은 강압적인 전제군주가 될 것이다. 믿음의 표식을 위해 아버지의 이미지를 상징적으로 사용하기는 했지만 진정한 믿음은 아버지의 이미지조차 대항하여 방어하는 진리와 정의의 원칙 안에서 변형된다. 믿음과 문화는 초자아가 실체의 규범들과 원리들을 나타낼 때라야 긍정될 수 있다.

이것은 믿음이 어떻게 인격적일 수 있는가 하는 문제를 야기시킨다. 중심적인 행위는 의미 있는 언어의 사용과 진리를 이해하는 능력과 선을 행하는 것과 아름다움과 정의를 인식하는 것으로 증명되는 인격의 이성적 구조와 관련되어 있다. 이뿐 아니라 인격의 이성적 구조는 분석할 수 있는 능력과 계산하고 논쟁할 수 있는 능력까지 포함하고 있다. 이와 같은 이성의 광범위한 개념에도 불구하고 우리는 인간의 본질적인 특성이 인격의 이성적인 성격과 동일하다고 생각해서는 안된다. 인간은 이성적인 결정을 내릴 수 있지만 이성적인 결정을 내리지 않을 수도 있다. 인간은 이성 이면의 것을 창조해 낼 수 있고 이성의 심연을 파괴해 버릴 수도 있다. 이 능력은 바로 인간 그 자체의 능력이다. 인간 존재의 모든 요소들이 자아로서 관계해 있는 중심부는 통합되어 있다. 믿음은 무의식의 행위가 아니듯 인간의 어떤 이성적 기능들이 움직이는 행위가 아니다. 이것은 인간 존재의 이성적인 부분과 비이성적인 부분들을 초월하여 나타나는 행위이다.

인격의 중심부에서 받아들여지는 행위로서의 믿음은 '황홀경^{Ecstasy}'의 상태이다. 이것은 비이성적인 무의식과 이성적이고 의식적인 구조들로부터 기인된 것들을 초월한다. 이것은 그 모든 것들을 초월하는 것이다. 그러면서도 그 모든 것들을 파괴하지 않는다. 믿음의 황홀경적 성격은 이성적 성격과 동일하지 않으면서도 그것을 배제하지 않는다. 이것은 또한 비이성적 노력들과 동일하지 않으면서도 그것들을 포함하고 있다. 믿음의 황홀경 속에는 진리 인식과 윤리적 가치 인식이 존재한다. 또한 과거의 사랑들과 미움들, 갈등들과 연합들, 개인적인 영향력과 공동체적인 영향력이 존재한다. '황홀경'은 자아가 되기를 중단하지 않으면서 동시에 자아의 외부에 서 있는 것을 의미한다. 또한 인격의 중심부에서 통합되어 있는 모든 요소들을 가지고 있다.

믿음의 이해를 도울 수 있는 더 심화된 양극단의 요소들은 인간 삶의 인식적 기능과 감정, 의지 사이에 있는 긴장이다. 이

후에도 설명하겠지만 믿음의 의미를 많은 부분에서 왜곡시키는 주요한 이유는 바로 믿음을 이러한 기능들 즉, 인식적 기능 또는 감정과 의지적 기능 중 하나로 편입시키려 하는 시도 때문이다. 모든 믿음의 행위에는 인식적 확신이 존재한다는 사실은 가능한 날카롭고 집요하게 언급되어야 한다. 이 인식적 확신은 독립된 탐구 과정을 통해 얻어진 것이 아니라 수용과 복종이라는 총체적인 행위 안에 있는 분리될 수 없는 요소들을 통해 얻어진 것이다. 이것은 또한 믿음의 개념을 '믿겠다는 의지 will to believe'로 표현하는 것 즉, 믿음의 개념을 하나의 독립된 행위의 결과로 보는 시각을 배제한다. 궁극적인 관심을 가지는 것은 분명 의지에 의해 힘을 얻는다. 하지만 믿음은 의지의 산물이 아니다. 황홀경적 믿음에서 수용하고 복종하려는 의지는 하나의 요소이지 원인이 아니다. 그리고 한 가지 확실한 진리는 황홀경적 믿음은 감정이 아니라는 것이다. 믿음은 폭발하여 분출하는 감정이 아니다. 이것은 무아지경을 의미하지 않는다. 하지만 인간의 영적 삶의 모든 행위 안에 감정이 포함되어 있듯이 믿음 안에도 감정이 포함되어 있다. 하지만 감정이 믿음을 생산할 수는 없다. 믿음은 인식적 내용을 담고 있으며 의지의 행위를 포함하고 있다. 이것은 인격의 중심부에 있는 모든 요소들이 연합된 것이다. 물론 믿음의 행위 안에 있는 모든 요소들의 연합이 인식적 요소 또는 감정적, 의지적 요소들이 특별한 믿음의 형태 안에서 우위를 차지하는 것을 막지는 않는다. 즉, 이것들은 믿음의 성격 중에서 우위를 차지하지만 믿음의 행위를 창조하지는 않는다.

이것은 또한 믿음의 심리학과 관련된 질문에 가능한 답변을 해 준다. 인간의 인격적 존재 안에서 일어나는 모든 것들은 심리학적 대상이 될 수 있다. 그리고 믿음의 행위가 어떻게 총체적 심리 과정 안에 내제해 있는지를 아는 것은 종교 심리학자들과 실제적인 사역자들 모두에게 있어 매우 중요하다. 하지만 이와 같이 정당하고 바람직한 믿음의 심리학의 형태와는 대조적으로 믿음이 아닌 것 즉, 가장 자주 발생하는 두려움으로부터 믿음을 생성해 내려는 믿음의 심리학도 존재한다. 이 방법론은 믿음을 야기시킨 두려움 또는 그 밖의 것은 믿음보다 더욱 원시적이며 근본적인 것이라는 사실을 전제한다. 하지만 이러한 전제는 증명될 수가 없다. 반대로 어떤 부류들은 과학적인 방법을 통해 믿음은 이미 효력을 가지고 있다는 중요한 결론을 도출하기도 한다. 믿음은 믿음을 생성해 내려고 시도하는 그 어떤 것들보다 앞서 존재한다. 왜냐하면 그러한 시도들 자체가 믿음을 기반으로 하고 있기 때문이다.

믿음의 원천

우리는 믿음의 행위와 그것이 개인의 역동성과 어떤 관계가 있는지를 살펴보았다. 믿음은 인격의 총체적이고 중심적이고 무조건적인 행위이며 무한하고 궁극적인 관심이다. 이것은 한 가지 질문을 유발시킨다. 도대체 이 모든 것들을 수용하고 모든 것들을 초월하는 관심의 원천은 무엇이란 말인가? '관심'이라는 용어는 관계적 측면에서 두 가지 존재 즉, 관심을 받는 존재와 관심을 가지는 존재로 나누어 설명할 수 있다. 이 두 가지 측면에서 우리는 인간이 처한 상황을 자아 안에서, 그리고 인간의 세계 안에서 상상해 보아야 한다. 인간의 궁극적 관심의 실체는 인간 존재에 대한 어떤 것으로 드러난다. 즉, 그것은 인간이 일상생활 속에서 겪는 덧없는 경험과 관계의 변화를 초월하는 것이다. 인간의 경험들과 감정들과 사고들은 조건적이고 한정적이다. 그것들은 무조건적인 유효성을 얻지 않고서는 왔다가 사라지는 것에 불과할 뿐 아니라 그 속에 있는 관심의 내용 또한 유한하고 상황적인 것에 지나지 않는다. 물론 이것은 그럴 가능성이 높다는 일반적인 전제이다. 여기에는 인간에게는 무한한 요소가 존재한다는 또 다른 전제가 있어야 한다. 인간은 중심적인 인격의 행위를 통해 궁극적이고 무조건적이고 절대적이고 무한한 의미를 즉각적으로 이해할 수 있는 능력을 가지고 있다. 이러한 특징 하나만으로도 인간은 믿음에 대한 잠재력을 가지고 있는 것이다.

잠재력이란 실현을 향해 몰아갈 수 있는 힘이다. 인간은 그에게 속해 있는 무한성을 함으로써 믿음을 향해 내몰린다. 하지만 그 무한성은 소유물처럼 소유할 수 있는 것이 아니다. 이것은 인생의 흐름 속에서 '마음의 쉼 없음 restlessness of the heart' 이라는 표현처럼 추상적인 용어들 안에서 구체적인 개념이 드러나는 것이다.

믿음으로서의 '무조건적 관심'은 무조건적인 것에 대해 관심을 가지는 것을 의미한다. 믿음이 이렇게 묘사된 것처럼 무한한 열정은 무한한 것에 대해 열정을 가지는 것이다. 또는 그 이전에 사용한 용어로써 표현한다면 궁극적 관심은 궁극으로서 경험된 것들에 대해 관심을 가지는 것이다. 이러한 방법으로 우리는 믿음의 주관적 의미 즉, 인격의 중심에서 일어난 행위를 객관적인 의미로 전환할 수 있다. 그것은 믿음의 행위가 무엇을 의미하는지를 알아보는 것이다. 여기서 믿음의 행위가 의미하는 바를 '하나님 God' 또는 '신 a god'에게 물어보려 하는 행위는 우리의 분석에 아무런 도움을 주지 못할 것이다. 이 단계에서 우리는 한 가지 질문을 던져야 한다. 하나님의 개념을 구성하고 있는 신성은 무엇인가? 그에 대한 대답은 이것이다. 그것들은 무조건적이고 궁극적인 요소들이다. 이것들은 신성의 질을 결정한다. 만약 인간이 이것들을 밝히 이해할 수 있다면 인간은 하늘과 땅에 있는 모든 것들이 종교적 역사 안에서 궁극성을 추구해 왔던 이유를 깨닫게 될 것이다. 그뿐 아니라 인간은 이전에도 인간의 종교적 의식 안에서 움직여 왔고 지금도 움직이고 있는 중요한 원리를 깨닫게 될 것이다. 그래서 인간은 실제로는 임시적이고 무상하고 유한한 것이면서 겉으로만 궁극적인 것이라고 주장하는 것들과 진정으로 궁극적인 것들을 구별할 수 있게 될 것이다.

'궁극적 관심'이라는 용어는 믿음의 행위의 주관적인 측면과 객관적인 측면을 연합한 것이다. 이것은 한 사람이 믿는 것을 통해 얻은 믿음이며, 믿게 되어진 믿음이다. 첫 번째 것은 믿음을 궁극적 관심이자 인격의 중심적 행위로 해석한 고전적 정의이다. 두 번째 것은 신성한 상징성을 통해 표현될 수 있는 것으로 믿음의 행위가 궁극적 존재 자체에게로 인도되었다고 해석한 고전적 정의이다. 물론 절대적으로 그렇다는 것은 아니지만 이 두 가지의 구별은 매우 중요하다. 왜냐하면 한 쪽 정의는 다른 쪽 정의 없이는 성립되지 않기 때문이다. 어떤 방향으로 인도된다는 내용이 없이는 믿음이 성립될 수 없다. 믿음의 행위에는 항상 어떤 의미가 있다. 그리고 믿음의 내용만 있고 믿음의 행위가 없는 것은 성립될 수가 없다. 신성한 것이라고 불린다 할지라도 궁극적 관심의 상태에서 행해진 것이 아니라면 그것은 의미가 없다. 왜냐하면 믿음의 행위가 아닌 다른 것들에 접근해서는 믿음의 행위 안에 의미를 부여할 수 없기 때문이다.

궁극적, 무조건적, 무한적, 절대적 이라는 용어들은 주체와 객체 사이에 존재하는 차이점을 극복한다. 믿음의 행위의 궁극성과 믿음의 행위 안에서 의미되는 궁극성은 하나이며 동일하다. 만약 하나님에 대한 어떤 사람의 지식이 하나님께서는 저절로 당신을 소유하신다 라는 내용의 지식이라면 이것은 신비적 차원에서 상징적으로 표현된 지식일 것이다. 바울이 고린도전서 13장에서 말한 것처럼 하나님에 의해 알려진 자기 자신에 관한 내용을 자신 또한 알게 될 것이라고 말한 것 역시 상징적인 표현이다. 하나님께서는 객체가 되시지 않고서는 결코 주체가 되실 수 없다. 바울에 의하면(로마서 8장), 성공적인 기도 또한 성령 하나님께서 우리 안에서 기도하지 않으신다면 불가능하다. 추상적인 언어 안에서 경험되는 것도 이와 마찬가지다. 궁극적이고 무조건적인 경험 안에서 주체와 객체의 일반적인 도식은 사라져 버린다. 믿음의 행위 안에서 그 행위의 원천은 주체와 객체의 분열 너머에 존재한다. 이것은 주체와 객체로서 존재하기도 하고 주체와 객체를 초월하여 존재하기도 한다.

이러한 성격 때문에 믿음은 참된 궁극성과 거짓 궁극성을 구별해 내는 기준을 필요로 한다. 유한한 것은 무한성을 가지고 있지 않으면서도 자신이 무한한 것이라고 주장한다. 국가나 성공처럼 말이다. 이러한 것들은 주체와 객체의 도식을 초월할 수 없다. 믿음을 가진 자가 이것을 주체로서 간주한다 할지라도 이것은 여전히 객체로 남아 있다. 그는 일반적인 지식을 가지고 이것에 접근하며 일반적인 관점으로 이것을 대우한다. 물론 거짓 궁극성의 영역 안에도 많은 수준들이 존재한다. 국가는 성공보다는 참된 궁극성에 가깝다. 국가주의적 황홀경은 객체에 의해 주체가 삼켜져 버리는 상태를 양산한다. 하지만 시간이 지나면 주체는 다시 부상한다. 왜냐하면 국가주의는 총체적이고도 큰 실망을 안겨 줄 것이기 때문이다. 국민은 국가를 회의적으로 바라보게 되고 비록 국가는 자신이 정의로웠다고 주장한다 할지라도 국민은 그것을 믿지 않고 국가의 정의롭지 못한 부분을 찾아 낼 것이다. 믿음이 맹신이 되면 될수록 주체와 객체 사이의 분열은 극복하기 어려워 진다. 참된 믿음과 맹신 사이에는 이러한 차이점이 있다. 참된 믿음 안에서의 궁극적 관심은 참된 궁극성에 대한 관심이다. 반면 맹신 안에서는 유한하고 무상한 실체들이 궁극성의 등급까지 올라간다. 맹신은 '존재적 실망 existential disappointment' 이라는 피할 수 없는 결과를 얻게 된다. 바로 그 실망은 인간 존재의 정 중앙을 관통한다. 이것이 바로 맹신적 믿음의 역동성이다. 이와 같은 믿음 역시 인격의 중심부에서 일어나는 행위이다. 그래서 이러한 믿음의 행위는 인간의 속사람을 상하게 하고 인격의 붕괴를 초래한다. 맹신이라 할지라도 그것은 황홀경적 성격을 가졌고 얼마의 기간 동안은 위에서 설명한 위험성을 은폐할 수 있다. 하지만 결국 그것은 폭발하여 문제를 야기시키고 말 것이다.

믿음과 거룩의 역동성

믿음의 영역 안으로 들어가는 사람은 삶의 거룩한 장소로 들어간다. 믿음이 있는 곳에 거룩에 대한 자각이 있다. 이것은 맹신적 믿음에 대해 설명한 내용과 상반되기도 하다. 하지만 분석적인 측면에서는 상반되지 않는다. 하지만 '거룩holy'이라는 용어가 대중적인 의미로 쓰인다면 분석적인 측면에서도 상반된다. 하나의 것에 궁극적인 관심을 가지는 사람은 거룩하게 된다. 거룩에 대해 자각한다는 것은 거룩한 것의 임재 즉, 궁극적 관심의 내용에 대해 자각하는 것이다. 이 자각은 이스라엘 민족의 족장들과 모세의 비전으로부터 위대한 선지자들과 시편 기자들의 경험에 이르기까지 구약 성경 안에서 광범위하게 표현되고 있다. 이것은 실재임에도 불구하고 신비스러운 것으로 남아 있는 현존이다. 이 자각기능은 거룩과 만난 사람들에게 있어 매력적인 기능임과 동시에 불쾌한 기능이기도 했다. 루돌프 오토Rudolph Otto는 그의 고전 「거룩의 관념」*The Idea of the Holy*에서 이 두 가지 기능을 거룩의 성격에 매혹되면서 동시에 거룩의 성격으로 인해 요동치는 것으로 묘사하였다. 이러한 기능들은 모든 종교에서 발견될 수 있다. 왜냐하면 사람들은 자신의 궁극적 관심의 현시와 대면할 때 그러한 기능들을 경험하기 때문이다. 만약 우리가 거룩의 경험과 궁극적 관심 사이의 관계를 이해한다면 거룩에 두 가지 영향이 존재하는 이유를 명백히 알게 될 것이다. 인간의 마음은 무한한 것을 추구한다. 왜냐하면 유한한 것들은 쉼을 원하고 있기 때문이다. 무한한 것 안에서 유한한 것은 자신의 충만을 보게 된다. 그래서 궁극적인 것이라고 명시된 모든 것에는 황홀한 매혹과 매력이 생기는 것이다. 또한 궁극적인 것이 자신의 황홀한 매혹을 명시하고 행사한다면 인간은 동시에 무한한 것으로부터 유한한 것까지의 무한한 거리를 인식하게 된다. 결과적으로 유한한 것에 대한 부정적인 판단은 무한한 것에 닿으려고 시도하게 된다. 인간이 신성한 현존에 의해 마음을 빼앗길 때 인간은 거룩한 것과 관계하고 있다는 심오한 감정을 느낀다. 이것은 모든 진정한 믿음의 행위와 모든 궁극적 관심의 상태에서 나타나는 현상이다.

이 본질적일 뿐 아니라 유일하게 정당화될 수 있는 거룩의 의미는 최근 왜곡되어 사용되고 있는 거룩의 의미를 대체해야 한다. 현 시대에 '거룩'이라는 용어는 윤리적 완전성과 동일하게 간주되고 있다. 특별히, 몇몇 기독교 단체에서 그렇게 해석하고 있다. 우리는 이러한 왜곡이 생겨나게 된 역사적 원인을 살펴보아야 하며 그것을 통해 믿음과 거룩의 본질에 대한 새로운 통찰력을 얻어야 한다. 본질적으로 거룩이란 어떤 사물들과 경험들의 정형화된 영역으로부터 분리되는 것을 의미한다. 이것은 유한한 관계로 얽혀있는 세상으로부터 단절되는 것을 의미한다. 이것이 바로 종교적 문화들이 다른 모든 장소와 활동들로부터 자신들의 거룩한 장소와 활동들을 분리시키는 원인이다. 그래서 그들에게 있어 교회에 들어가는 것은 거룩한 것과 만나는 것을 의미한다. 그들은 거룩한 장소로 이동함으로써 거룩한 것들과 더 가까이 있을 수 있고 거룩한 순간을 경험할 수 있다고 생각한다. 거룩한 것들과의 진정한 거리를 인식하지 못한 채 말이다. 이러한 이유 때문에 거룩은 '전적으로 다른 것

entirely other'으로 불리게 되었다. 즉, 거룩은 사물의 평범한 과정과는 다른 것, 앞에서 언급한 말로 표현한다면, 주체와 객체의 분열에 의해 결정된 세상의 것들과는 다른 것으로 인식되기에 이르렀다. 거룩은 이러한 영역을 초월한다. 거룩은 신비스러운 것이며 닿을 수 없다는 성격을 가졌다. 무조건적인 것에 닿을 수 있는 조건적인 방법은 있을 수 없다. 무한한 것에 닿을 수 있는 유한한 방법은 있을 수 없다.

거룩은 신비스러운 성격을 가졌기 때문에 인간이 그것을 어떻게 경험할 수 있는가 라는 측면에서 모호성을 양산한다. 거룩은 창조적인 것으로서 나타날 수 있으며 파괴적인 것으로서 나타날 수도 있다. 거룩의 매혹적인 요소는 창조적인 모습과 파괴적인 모습을 동시에 가지고 있다 (앞에서 언급했듯이 국가주의의 맹신에도 매혹적 성격은 존재한다). 그리고 거룩의 두렵고 통절한 성격은 파괴적인 모습과 창조적인 모습을 동시에 가지고 있다 (인디안적 사고로 표현한다면 이것은 시바Siva 또는 칼리Kali의 복합기능이다). 이러한 모호성을 살펴보기 위해 우리는 구약시대의 자취들을 찾아보아야 한다. 이러한 모호성은 매우 모호한 성격을 가졌던 종교들과 유사 종교들의 제사 의식 또는 유사 제사 의식(다른 물건을 제물로 드리거나, 자신의 몸을 드리거나, 정신만을 드리는 것)에 반영되어 있다. 어떤 사람은 이러한 모호성을 두고 신성하고도 악마적인 것이라고 표현하기도 한다. 신성하다는 것은 거룩의 창조적인 측면이 파괴적인 측면을 제압할 가능성에 의해 특징 지어진다. 악마적이라는 것은 거룩의 파괴적인 측면이 창조적인 측면을 제압할 가능성에 의해 특징 지어진다. 이 상황에서 우리는 한 가지 심오한 사실을 이해해야 한다. 그것은 바로 구약 시대의 선지자적 종교에서는 거룩에 있어 오직 악마적이고 파괴적인 것들에 대한 싸움만이 일어났다는 것이다. 이 싸움은 매우 성공적이어서 거룩의 개념이 변화되기까지 했다. 거룩은 정의와 진리가 되었다. 이것은 창조적인 것일 뿐 결코 파괴적인 것이 아니다. 진정한 제사는 율법에 순종하는 것이 되었다. 이러한 사상이 면면히 흘러와 결국 거룩은 윤리적 완전성이라는 정체성을 확립하게 된 것이다. 하지만 여기서 지적되어야 할 중요한 사실은 거룩은 '분리된', '초월된', '매혹적이면서도 두려운', '전적으로 다른 것'이라는 의미를 상실했다는 것이다. 이 모든 의미들은 사라져 없어졌다. 그리고 거룩은 윤리적으로 선하고 논리적으로 옳은 것이 되어 버렸다. 이것은 거룩이라는 용어 안에 있는 진정한 의미를 포기하는 것이다. 물론 어떤 사람들은 거룩은 본질적으로 선과 악 중 하나를 선택하는 체계 내에 있는 것이 아니냐고 반문할 것이다. 하지만 거룩은 신성한 것과 악마적인 것을 모두 포함하고 있다. 만약 악마적인 것이 사라질 가능성이 크다면 거룩 그 자체의 의미는 변형될 것이다. 그것은 이성적인 것이 되고 진리와 선과 동일한 것이 될 것이다. 거룩의 진정한 의미는 재발견되어야 한다.

이러한 거룩의 역동성에 대한 설명은 믿음의 역동성에 대한 설명 내용을 다시 한번 상기시켜준다. 우리는 진정한 믿음과 맹신의 차이점을 구별했다. 악마적이고 파괴적인 거룩의 내용은 맹신의 내용과 동일하다. 하지만 맹신 역시 여전히 믿음이다. 악마적인 거룩 역시 여전히 거룩이다. 이것을 통해 우리는 이 세상에서 가장 모호한 성격을 가진 것이 종교이며 가장 위험한 성격을 가진 것이 믿음임을 알 수 있다. 믿음의 위험은 바로 맹신에 있으며 거룩의 모호성은 바로 악마적이 될 수 있다는 가능성에 있다. 우리의 궁극적 관심은 우리를 치료할 수도 있으며 파괴할 수도 있다. 하지만 우리가 궁극적 관심을 가지고 있지 않다면 그것을 경험할 수조차 없게 된다.

믿음과 의심

우리는 이제 믿음의 충만한 정의 즉, 인격의 행위이자 중심적이고 총체적인 행위로서의 믿음으로 돌아가야 한다. 믿음의 행위는 무한한 것에 의해 사로잡혀 있고 무한한 것을 향하고 있는 유한한 존재에 의한 행위이다. 이것은 유한한 행위의 모든 제약들을 가진 유한한 행위이다. 하지만 이것은 무한한 것이 유한한 행위의 제약 너머에서 유한한 것에 참여하면서 나타나는 행위이다. 믿음은 거룩을 경험하고 있을 때 확실해 보인다. 하지만 무한한 것이 유한한 것과 관계를 맺고 있을 때 불확실하게 보인다. 이 믿음 안에 있는 불확실한 요소는 사라질 수 없다. 이것은 받아들여져야 하는 것이다. 이 불확실성을 받아들이는 것은 바로 용기이다. 이것은 분명 믿음의 한 요소이다. 믿음은 확실성과 불확실성의 요소를 전달하는 즉각적인 자각의 요소를 포함하고 있다. 바로 이것을 받아들이는 것이 용기이다. 용기 있게 불확실성 위에 서 있을 때 믿음은 그 역동적인 성격을 가장 잘 나타내 보여준다.

만약 우리가 믿음과 용기와의 관계를 묘사하려 한다면 우리는 일반적으로 사용되는 개념과는 다른, 더 광범위한 용기의 개념을 사용해야 한다. 믿음의 한 요소로서 용기는 모든 유한한 것들의 유산인 '비 존재nonbein'의 능력에도 불구하고 대담하게 자기 자신의 존재를 확신한다. 이 대담성과 용기가 있는 곳에 실패의 가능성이 존재한다. 그리고 모든 믿음의 행위가 있는 곳에 이 실패의 가능성이 존재한다. 그 위험성은 받아들여져야 한다. 자신의 국가를 궁극적 관심의 대상으로 생각하는 사람은 그 관심을 유지시키기 위해 용기를 필요로 한다. 오직 확실한 것은 궁극으로서의 궁극성과 무한한 열정으로서의 무한한 열정뿐이다. 이것은 자기 자신의 본질을 가진 자아에게 주어진 실체이다. 이 자아는 즉각적이고 충분히 의심 너머에 있는 자기의 자아를 감지한다. 이것은 질적으로 자아를 초월하는 자아이다. 하지만 국가, 성공, 신, 성경의 하나님과 같은 궁극적 관심의 내용에는 이러한 종류의 확실성이 없다. 그것들은 모두 즉각적인 자각이 없는 내용들이다. 궁극적 관심의 대상으로서 그것들을 받아들이는 데에는 위험이 따른다. 그래서 거기에는 용기의 행위가 필요하다. 우리가 어떤 대상, 예를 들자면 국가를 궁극적 관심의 대상으로 생각하고 있다면 그 안에는 그것이 무상하고 일시적인 것으로 판명될 위험성이 있다. 인간이 궁극적 관심으로서 가지는 믿음 안에는 인간이 감수해야 할 가장 큰 위험성이 있다. 왜냐하면 그것이 실패로 판명될 경우 인간의 삶의 의미는 무너지고 말 것이기 때문이다. 진리와 정의를 포함해서 인간은 자아를 가치 없는 어떤 것에게 항복시킨다. 인간은 인격의 중심을 다시 회복할 기회조차 얻지 못한 채 그것을 멀리 날려버린다. 인간이 국가를 향한 기대의 붕괴로 좌절을 경험한다는 것은 바로 국가를 향한 그들의 궁극적 관심이 맹신이었다는 사실을 불가피하게 증명하는 것이다. 인간은 오랜 시간이 지나면 필연적으로 이러한 경험을 하게 된다. 그들이 궁극적 관심의 대상으로서 생각한 것은 궁극적인 것이 아니었던 것이다. 이것은 또한 믿음이 취할 수밖에 없는 위험성이기도 하다. 유한한 것이 자아를 확신하는 것은 피할 수 없는 위험성이다. 그래서 궁극적 관심은 궁극적 위험이며 궁극적 용기이다. 궁극성 그 자체 안에는 위험이 없으며 그것을 확신하기 위해 용기를 가질 필요도 없다. 하지만 궁극적 관심의 대상에게 구체적인 관심을 가진다면 여기에는 위험이 있으며 용기가 필요하다. 모든 믿음은 그 자체 안에 구체적인 요소를 가지고 있다. 이것은 무엇 또는 누군가에게 관심을 가지는 것이다. 하지만 그 무엇과 누군가는 전혀 궁극적이지 않은 것으로 판명된다. 그래서 믿음은 무조건적인 그 자체의 경험 안에서는 실패하지 않았다 할지라도 구체적인 표현 안에서는 실패하는 것이다. 신성한 것은 남아 있으나 신은 사라지게 되는 것이다. 믿음은 믿음의 대상인 구체적인 신의 소멸이라는 위험성을 감수해야 한다. 이것은 새로운 궁극적 관심의 내용에 의해 신자의 중심된 자아가 재건되지 못하고 신자 스스로가 신을 붕괴시키고 소멸시킨다. 그 어떤 믿음의 행위도 이러한 위험성에서 자유롭지 못하다. 여기서 위험의 문제가 아닌 즉각적인 확신의 문제로서 지적되어야 할 유일한 한 가지 것이 있는데, 그것은 인간 존재의 위대함과 고통이다. 그것은 인간의 유한성과 인간의 잠재된 무한성 사이에 놓여진 것이다.

이 모든 것들은 믿음과 의심의 관계 속에서 날카롭게 표현된다. 만약 믿음이 '어떤 것은 사실이다'라는 식의 신념으로 이해된다면 의심은 믿음의 행위와 양립될 수 없다. 만약 믿음이 궁극적 관심으로 이해된다면 의심은 그 믿음 안에 있어야 하는 필수적인 요소가 된다. 그래서 믿음은 위험성을 가지게 된다.

믿음 안에 암묵적으로 존재하는 의심은 어떤 사실들이나 단정들에 대한 의심이 아니다. 이것은 어떤 과학적 실험과정에서 드러나는 의심과는 다른 것이다. 물론 대부분의 정통 신학자들도 경험적 탐구 또는 논리적 추론의 문제에서 방법론적 의심이 정당하다는 것을 부정하지는 않는다. 만약 어떤 과학자가 과학적 이론은 의심의 여지가 전혀 없는 것이라고 말한다면 그는 과학적이 되기를 포기하고 있는 것이다. 그는 과학적 이론들이 모든 실제적인 목적들을 이룰 수 있다면 그것들은 신뢰되어야 한다고 생각한다. 그는 이러한 종류의 믿음이 없다면 이론을 통한 기술 적용은 불가능하다고 생각한다. 어떤 사람들은 이러한 종류의 믿음이 행동을 강조하는 실용주의적 확신에서 기인한 것이라고 말하기도 한다. 이러한 경우, 의심은 이론에 기초한 일시적인 성격 안에서 규명된다.

또 다른 종류의 의심이 있는데 그것은 우리가 흔히 회의적 의심이라고 부르는 것이다. 그것은 우리가 흔히 방법론적 의심 즉, 과학적 의심이라고 부르는 것과 대조된다. 회의적 의심은 경험적 감각으로부터 종교적 교리에 이르기까지 인간의 모든 신념들에 대해 의심을 품는 태도이다. 이것은 주장이라기보다는 태도이다. 만약 이것이 주장이라면 그 자체와 갈등을 일으킬 것이기 때문이다. 만약 이것이 주장이라면 인간은 회의주의적 원리에 의해 판단을 받아 그 어떤 진실도 가능하지 못하게 만들 뿐 아니라 그 어떤 주장도 굳게 하지 못하게 만들 것이다. 진정한 회의적 의심은 주장의 형태로 사용되지 않는다. 이것은 분명히 어떤 확실성을 거부하는 태도이다. 그러므로 이것은 논리적으로 반박될 수 없다. 또한 하나의 의견으로 변형될 수도 없다. 이러한 태도는 필연적으로 좌절 또는 냉소주의를 야기시킨다. 아니면 두 가지 다를 번갈아 야기시킨다. 그리고 이러한 좌절과

냉소주의의 반복이 자주 일어나다 보면 이것은 무관심을 양산하고 그것이 발전하면 완전한 무관심의 태도를 양산한다. 하지만 인간은 본질적으로 자기의 존재에게 관심을 가지는 존재이기 때문에 이러한 도피는 결국 붕괴를 불러오고 만다. 이것이 바로 회의적 의심의 역동성이다. 그러한 기능들은 자연스럽게 일어나고 해방된다. 하지만 이것 또한 인격의 발전을 방해할 수 있다. 인격이란 믿음 없이는 발전 할 수 없기 때문이다. 회의주의에 의해 진실이 좌절을 겪는 것을 볼 때 우리는 진실이 여전히 무한한 열정 가운데 있다는 사실을 알 수 있다. 냉소주의가 모든 구체적인 진실 위에서 우위를 차지하는 것을 볼 때 우리는 진실이 여전히 심각한 것으로 받아들여지고 궁극적 관심에 대한 질문은 강력한 충격을 받고 있다는 사실을 알 수 있다. 회의주의, 아니 심각한 회의주의라 할지라도 이것은 믿음이 없는 상태가 아니다. 물론 구체적인 내용을 담고 있지는 않지만 말이다.

모든 믿음의 행위 안에 있는 절대적 의심은 방법론적인 의심도 회의주의적인 의심도 아니다. 이것은 모든 위험성을 동반하는 의심이다. 이것은 과학자들의 끊임없는 의심도 아니며 회의주의자들의 무상한 의심도 아니다. 이것은 구체적인 내용에 대해 궁극적 관심을 가지는 사람이 가지는 의심이다. 이 방법론적 의심과 회의주의적 의심과 대조되는 의심의 개념은 존재론적 의심이라고 부를 수 있다. 이것은 특별한 전제가 진실이냐 거짓

이냐를 밝히고자 할 때 사용되는 것이 아니다. 이것은 모든 구체적인 진실을 거부하지 않는다. 하지만 이것은 모든 존재적 진실 안에 있는 불안전한 요소를 인식한다. 동시에 믿음 안에 있는 절대적 의심은 이 불안전을 받아들이고 그것을 용기의 행위 안으로 가지고 간다. 믿음은 용기를 포함한다. 그러므로 믿음은 믿음 자체에 대한 의심을 포함할 수 있다. 분명히 믿음과 용기는 동일한 것이 아니다. 믿음은 용기 이외에 다른 요소들을 가지고 있다. 그리고 용기는 확신적인 믿음 너머의 기능들을 가지고 있다. 그럼에도 불구하고 용기의 행위는 믿음의 역동성 안에 속해 있는 위험성을 받아들인다.

이 믿음의 역동적인 개념은 기독교를 포함한 모든 위대한 종교들의 교리들 속에 있는 확신에 찬 자신감에 아무런 도움을 주지 못하는 것처럼 보인다. 하지만 이것은 그렇게 해석될 수 없다. 믿음의 역동적인 개념은 개념적인 분석의 결과로 즉, 믿음의 주체적 측면과 객체적 측면의 분석을 통해 얻은 것이다. 이것은 결코 인간 정신 속에서 항상 실현되고 있는 것을 그저 묘사한 것이 아니다. 그래서 구조 분석은 사물의 상태를 단순히 묘사한 것이 아니다. 이 두 가지는 매우 혼란스럽기 때문에 삶의 모든 영역에서 많은 오해와 실수를 야기시키는 원천이 된다. 이러한 혼란을 설명할 수 있는 한 가지 전형적인 예를 들어보자. 최근에 우리가 염려에 대해 토론을 했다고 가정해 보자. 인간의 유한성을 자각함으로 인해 가지게 되는 염려에 대한 설명은 때로 평범한 정신 상태의 관점으로 볼 때 진실이 아니라고 비판 받을 수 있다. 비판자들은 염려란 특별한 상태에 있을 때 생겨나는 현상이지 인간의 유한성 때문에 나타나는 지속된 현상이 아니라고 말한다. 분명히 경험되는 것으로서의 염려는 뚜렷한 상황 하에서 나타나는 것이 사실이다. 하지만 유한한 인생이라는 근원적인 구조는 보편적인 상태이며 이것은 특별한 상태에서 염려를 유발하게 하는 원인이 된다. 이와 마찬가지로 의심 또한 믿음의 행위 안에 있는 영구적인 경험은 아니지만 믿음의 구조 안에 있는 요소로서 항상 존재한다. 이것이 믿음과 논리적이거나 영구적인 성격을 통해 즉각적으로 얻는 증거와의 차이점이다. 본질적으로 '그럼에도 불구하고$^{\text{in spite of}}$'와 궁극적 관심의 상태 안에서 나타나는 용기 있는 자아의 확신이 없는 믿음은 있을 수 없다. 의심의 본질적 요소는 특별한 개인적, 사회적 상태에서 갑자기 문을 열기 시작한다. 만약 의심이 나타난다면 그것은 믿음의 부정으로 간주될 것이다. 하지만 그것은 믿음의 행위 안에서 항상 존재하고 앞으로도 항상 존재할 믿음의 한 요소로서 간주되어야 한다. 존재론적 의심과 믿음은 동일한 선상 즉, 궁극적 관심의 상태라는 선상에 있는 실체이다.

믿음과 의심의 구조에 대해 이러한 통찰력을 가지는 것은 엄청나고도 실제적인 중요성을 가진다. 기독교인들을 비롯해 다른 종교를 믿는 많은 사람들은 소위 '믿음의 상실$^{\text{loss of faith}}$' 때문에 염려와 죄책감과 좌절을 느낀다. 하지만 진지한 의심은 믿음을 확인하는 행위이다. 이것은 관심의 대상에게 진지한 태도를 보이는 것을 의미한다. 이것은 무조건적인 성격을 가졌다. 마치 과학자들이 어떤 학설에 대해 의심을 가지는 것처럼(신학에게 있어 그런 모습이 끊임 없이 필요한 것처럼 과학에 있어서도 그런 모습은 필수적이며 영구적이 되어야 한다) 교회의 메시지에 대해 존재론적 의심을 가지는 것은 정말 필요하다. 특별히 현재 교회에서 사역을 담당하고 있는 목회자들이나 장차 사역을 담당하게 될 신학생들에게 있어서는 더욱 그렇다. 그래야 예수님이 예수님으로 불려질 수 있다. 그들이 자기 자신을 평가하는 가장 중요한 기준은 믿음과 의심의 내용들에 대한 그들의 태도가 얼마나 진지하고 궁극적인가에 기초하고 있어야 한다.

믿음과 공동체

종교적 교리와 관련하여 믿음과 의심에 대해 진술하는 것에는 몇 가지 문제점이 있다. 그것은 믿음에 대한 진정한 진술이 아님에도 불구하고 믿음에 대한 지배적인 개념을 낳았을 만큼 일반적이며 대중적이다. 이러한 믿음은 교리적 표시 또는 교의적 표현에 의해 논리적으로 드러난다. 이것은 그 성격이 인격적 행위라기 보다는 사회학적 이론으로 드러난다. 믿음에 대해 이러한 태도가 나타난 데에는 뚜렷한 역사적 원인이 있다. 종교적, 문화적으로 자율적 정신이 억압되었던 시대에는 믿음이 교리의 공식화라는 명분 하에 특별하고 정형화된 개념으로서 후대에 그대로 전승되었다. 하지만 사람들은 이러한 종교적 억압이라는 힘의 반동으로 종교의 자율성을 획득하려고 사투를 벌여왔다. 그리고 그 과정에서 '집단적 무의식'은 깊은 상처를 입었다. 중세시대와 종교개혁 시대에 존재했던 이와 같은 종교적 억압은 이미 과거의 유물이 된 것처럼 보이지만 그것은 오늘날에도 여전히 잔존해 있다. 그러므로 새로운 형태의 정통주의 즉, 여전히 종교적 억압을 자행하고 있는 것들과 대적하면서 믿음의 역동적인 개념을 방어하는 것은 결코 헛된 일이 아니다. 확실히 의심이 믿음의 본질적인 요소로 고려된다면 인간 정신의 자율적 창조성은 결코 제한될 수 없다. 하지만 누군가는 이렇게 질문할 것이다. 이러한 믿음의 개념은 모든 종교 안에 있는 결정적인 실체 즉, '믿음의 공동체community of faith'와 양립할 수 있는가? 믿음의 역동적 관념은 개신교의 개인주의적이고 인본주의적인 자율성을 표현한 것이 아니지 않은가? 믿음의 공동체 즉, 교회가 믿음의 본질적 요소로서의 의심을 수용할 수 있으며, 믿음의 표현으로서의 의심을 진지하게 요구할 수 있는가? 만약 이러한 태도가 평범한 교회 구성원들에게 허용된다 할지라도 그것이 동일하게 교회 지도자들에게도 허용될 수 있겠는가?

이 맹렬하고도 시시때때로 던져지는 질문들에 대한 답변에는 여러 가지가 고려되어야 하고 관련되어야 한다. 현재 시점에서 명백하고도 중요하게 단언할 수 있는 말은 믿음의 행위는 모든 인간의 영적인 삶 안에서 일어나는 행위들처럼 언어와 공동체에 의존해야 한다는 것이다. 영적인 존재들의 공동체 안에 있는 유일한 것은 바로 살아 있는 언어다. 언어가 없는 곳에는 믿음의 행위도 종교적 경험도 있을 수 없다. 이것은 인간의 모든 영적인 삶 안에는 일반적인 언어와 특별한 언어가 있음을 의미한다. 종교적인 언어 즉, 상징과 신화의 언어는 신자들의 공동체 안에서 창조된 것이며 이 공동체 외부에 있는 공동체들은 이것을 충분히 이해하지 못한다. 이 공동체 안에서 종교적 언어는 믿음의 행위가 구체적인 내용을 가지게 한다. 믿음은 그것의 언어를 필요로 한다. 믿음은 언어를 통해 모든 인격적 행위를 할 수 있게 된다. 언어가 없다면 믿음은 소경이 될 것이며 어떤 내용을 향해 인도되지도 못할 것이며 믿음 그 자체를 인식하지도 못할 것이다. 이것은 믿음의 공동체를 이해하는데 있어 매우 중요한 요소이다. 이러한 공동체의 일원만이(비록 그가 그 공동체에서 소외되고 있다 할지라도) 자신만의 궁극적 관심의 내용을 가질 수 있다. 이러한 언어 공동체만이 인간에게 자신의 믿음을 구현시킬 수 있다.

하지만 누군가 다시 이런 질문을 반복할 것이다. 만약 믿음의 공동체 안에 믿음이 존재한다면 공동체가 교리적 진술로서 그리고 분명한 방법으로 이 믿음의 내용을 공식화하고 이것을 받아들이라고 공동체의 모든 구성원들에게 요구할 필요가 있겠는가? 분명히 이것은 교리가 존재 안으로 들어가는 방법이다. 이것이 바로 그들이 교리적이고 합법적인 것에 집착하는 이유이다. 하지만 이것은 이 공동체의 믿음의 표현이 세대에 걸쳐 개인과 집단에게 전승되는 엄청난 힘을 설명하지는 못한다. 또한 억압된 의심과 일탈이 광신주의로 표출된 사실을 설명해 주지도 못한다. 이 광신주의는 외적인 힘뿐 아니라 내적 억압의 메커니즘에 의해 더욱 심화된다. 이 내적 억압의 메커니즘은 개인의 정신에 고착되어 강력한 효과를 발휘한다. 심지어 외부로부터의 압력이 없는 상태에서도 말이다. 이 사실을 이해하기 위해 우리는 궁극적 관심을 가지는 상태로서의 믿음은 이 관심의 내용을 중심으로 하는 인격의 행위에게 전적으로 복종시켜야 한다는 사실을 기억해야 한다. 투쟁의 세기들을 보낸 기독교 교회 역사에서, 만약 공동체의 믿음의 내용이 맹신주의의 강요들을 방어해 왔고 이러한 강요들의 방어 차원에서 공동체의 믿음의 내용을 공식화했다면 이러한 공식화로부터 일탈하려는 모든 행위는 기독교인들의 '영혼soul'을 파괴하는 것으로 고려되어야 한다는 주장은 그럴 듯 하다.

그런 행위를 하는 사람은 타락하여 악마적 영향 아래에 놓여 있는 사람으로 간주되었다. 교회조직은 처벌을 통해 이런 사람을 악마적 자기파괴로부터 구해 내려고 했다. 이러한 상황에서 믿음의 내용인 관심은 절대적이고 진지한 것으로 받아들여졌다. 이것은 영원한 생명과 죽음에 관한 문제였다.

하지만 이와 같이 제정된 교리에 복종해야 한다는 결정적 중요성은 개인에게만 국한된 문제가 아니었다. 이것은 개인들의 왜곡된 영향력으로부터 교리를 보호해야 하는 믿음의 공동체의 문제이기도 했다. 교회는 교회의 토대를 부인하는 것처럼 보이는 사람들을 교회 공동체에서 배제시켰다. 이것이 바로 '이단heresy'의 개념이다. 이단은 잘못된 믿음을 소유한 사람(이것도 함축적 의미에서는 틀린 정의는 아니지만 본질적 의미에서는 틀린 정의이다)이 아니라 진실한 관심에서 거짓되고 무상한 관심으로 방향을 전환한 사람을 의미한다. 그래서 그는 자신의 경험을 통해 다른 사람들에게 영향을 끼치며 그들을 파괴하며 공동체를 손상시킨다. 만약 시민 권력이 교회를 사회가 결코 파괴할 수 없는 문화적 본질이자 규율의 기초로 생각했다면 그들은 이단을 시민을 세뇌시키는 범죄자로 간주하여 박해했을 것이며 종교와 정치 영역의 통합을 유지하기 위해 이단에게 외부 압력을 가했을 것이다. 그러나 이 시점에서 인간의 영적 자율성은 반작용을 일으키기 시작했다. 그들은 교리 체계가 정치적으로 강화되는 것을 일소시켰을 뿐 아니라 교리 체계 자체까지 일소시켰다. 그리고 이것과는 차원이 다르지만, 자주 믿음 그 자체까지 일소시켰지만 이것은 증명 불가능한 것이다. 이것은 항상 또 다른 궁극적 관심의 능력을 통해 행해져 왔고 행해질 수 있는 것이다. 교회와 교회의 자유주의적 비판자들 사이의 역사적 투쟁 안에서 믿음은 믿음과 대치했다. 자유주의자들 역시 공격을 가해오는 교회의 권위에 맞서 방어하기 위해 자신의 믿음에 표현형식을 도입해야 했고 공동체적 공식화를 필요로 했다. 그뿐 아니라 그들은 다른 모든 궁극적 관심이 그렇듯이 구체적인 내용을 가진 궁극적 관심을 가져야 했다. 그들은 분명한 역사성을 가질 수 있도록 어떤 조직에 속해 있어야 했다. 또한 특별한 언어를 가져야 했고 특별한 상징을 사용해야 했다. 그들의 믿음은 추상적인 자유의 긍정이 아니었다. 그것은 총체적 상황을 구체적으로 나타내는 요소로서 자유 안에 있는 믿음이었다. 만약 그들이 자유의 이름으로 이 구체성을 손상시킨다면 반(反)자유주의자들은 그들의 영역으로 쉽게 들어오게 되어 그들은 공허한 상태에 빠지게 될 것이다. 오직 창조적인 믿음만이 파괴적인 믿음의 맹공격을 저지할 수 있다. 오직 진정으로 궁극적인 관심만이 맹신적 관심에 대항하여 설 수 있다.

이 모든 설명은 또 다른 의문점을 남긴다. 인간의 자율적인 영적 삶에 억압을 가하지 않는 믿음의 공동체가 어떻게 존재할 수 있는가? 이 질문에 대한 첫 번째 해답은 시민 권력과 믿음의 공동체 사이의 관계를 파악함으로써 얻을 수 있다. 비록 사회는 실질적 차원에서 믿음의 공동체와 동일했고 사회 구성원들의 일상생활은 교회라는 영적 실체에 의해 지배되었지만 시민 권력은 중립적인 입장에 있었고 다른 형태의 믿음을 가진 사람들이 일어날 수 있다는 위험성을 감수해야 했다. 만약 그들이 기존의 영적 기준들을 강화하려 하고 그것이 성공했다면 그들은 믿음의 행위 안으로 들어가는 위험과 용기를 상실했을 것이다. 그들은 위험과 용기 그 무엇도 선택하지 않음으로써 믿음을 하나의 행동 유형으로 변형시켜 버렸을 것이다. 그들은 궁극적 관심을 실현해줄 것 같던 종교적 책임들을 충만히 완수하려 하면서도 정작 믿음이 가진 궁극성의 성격을 잃어갔을 것이다.

하지만 오늘날 이러한 상황은 점점 더 축소되고 있다. 대부분의 사회와 시민 권력은 다른 믿음의 공동체를 잘 다루어야 했다. 그들은 사회의 다양한 구성원들에게 한 가지 또는 소수의 믿음만을 강요할 수 없게 되었다. 이 경우 사회 집단의 영적 본질은 각기 다른 집단의 공통분모와 공통된 전통에 의해 결정된다. 이 공통분모는 더욱 세속적 또는 종교적이 되어 간다. 어떤 면에서 이 공통분모는 미국의 헌법처럼 믿음의 파생물일 수 있다. 하지만 이것은 무조건적 성격을 가진 궁극적 관심의 태도를 나타내기보다 그 빈도와 정도에 있어 조건적 성격을 가진 무상한 관심의 태도를 나타낼 때가 훨씬 많다. 이러한 이유 때문에 시민 권력은 이 공통분모의 합법성을 강화해 나가야 함에도 불구하고 그것의 기초를 의심하는 사람들을 몰아 붙일 수 없게 되었다.

믿음의 역동적 개념은 궁극적 관심의 내용을 교리적 차원에서 구체적으로 표현해야 할 필요성을 느끼는 공동체와 양립할 수 없는가 라는 질문에 대해 해답을 줄 수 있는 두 번째 단계는 믿음의 공동체 안에 있는 믿음과 의심을 다루는 것이다. 이 질문에 대한 대답에는 한 가지 선재된 분석이 필요하다. 그것은 바로 만약 교리의 성격이 의심의 존재를 배제시켜 버린다면 이 질문에 대한 대답은 불가능하게 된다는 것이다. 종교회의 또는 주교회의 또는 교리 책들은 강력한 권위를 가지고 '무오성infallibility'의 개념을 확립시키면서 의심을 믿음의 요소에서 배제시켜 버렸다. 그들은 스스로 분투하면서 그들이 만들어 놓은 교리에 복종해야 했다. 이러한 결정이 내려진 후부터 그들은 믿음에 대한 무오한 진술에 의심의 개념이 절대 들어오지 못하도록 차단했다. 결국 믿음은 정적인 것이 되어 버렸다.

믿음은 믿음의 행위 안에 있는 단정적인 궁극성으로 정의되었으며 그 구체적인 요소들 역시 종교적 권위에 의해 공식화 되었다. 즉, 믿음은 질문의 여지가 없는 것이 되어 버렸다. 이러한 환경 속에서 일시적이고 조건적인 것들까지 정형화된 궁극성으로 받아들여졌고 그것들은 의심이라는 위험 위에서 고상함을 드러내기까지 했다. 그들은 성경 저자의 진술에서부터 동시대인들의 말에 이르기까지 믿음의 내용을 인간적인 차원에서 해석하였다. 이러한 정적인 종류의 믿음 안에 있는 맹신주의와 첫 번째로 대항한 사람들은 바로 개신교도들이었다. 하지만 개신교 역시 계몽 운동에 영향을 받아 스스로를 정적으로 만들어버렸다. 이러한 개신교는 본질적으로 믿음을 부정하지 않고, 심지어 교리적 공식화를 부정하지 않으면서 동시에 역동적 믿음을 얻으려는 목적을 가지고 있었다. 그래서 우리는 또 다시 어떤 질문 앞에 서게 된다. 의심을 자신의 한 요소로서 가지고 있는 믿음이 어떻게 믿음의 공동체의 교리적 진술들과 연합할 수 있는가? 이 질문에 대답은 이렇다. 믿음의 공동체의 궁극적 관심인 교리적 표현은 스스로를 비판할 수 있어야 한다. 공동체의 믿음을 표현하고 있는 교조적이고 교리적이고 윤리적인 모든 것들은 그 자체가 궁극적인 것이 아니라는 사실이 인정되어야 한다. 오히려 그 모든 것들의 기능은 스스로의 존재 자체를 초월하면서 궁극성을 가지고 있다. 이것이 바로 내가 말하고자 하는 '개신교의 원리Protestant principle'이다. 즉, 믿음의 공동체의 표현 안에 비판적인 요소들이 존재하고 믿음의 행위 안에 의심의 요소가 존재하는 것이다. 물론 의심과 비판적 요소 모두 항상 실재하는 것은 아니다. 하지만 이것들은 항상 믿음의 영역 안에 있을 가능성을 가지고 있다.

기독교적 관점을 가진 어떤 사람은 이렇게 말할 것이다. 모든 교리와 제도, 권위를 가진 교회는 선지자적 심판 아래 놓여 있어야지, 그 위에 놓여 있어서는 안된다고 말이다. 비판주의와 의심은 믿음의 공동체가 '십자가 아래under the Cross' 놓여 있다는 사실을 보여준다. 만약 믿음의 공동체가 십자가를 인간의 종교적 삶을 지배할 뿐 아니라 심지어 기독교 자체까지 지배하는 신성한 심판으로 이해하려 한다면 믿음의 공동체는 십자가의 증거를 받아들여야 할 것이다. 이러한 방법을 통해 우리는 처음에 개별적인 용어로서 묘사한 역동적 믿음을 믿음의 공동체 안에 적용할 수 있게 된다. 분명 믿음 자체가 위험한 것으로서 이해된다면 믿음의 공동체 안에서의 삶은 지속적인 위험성을 가지게 된다. 하지만 이것은 역동적 믿음의 특징이며 개신교 원리의 핵심이다.

2장 | 믿음이 아닌 것은 무엇인가?

믿음의 의미에 대한 지적 왜곡

우리는 이제 믿음에 대한 명확한 정의를 살펴보았기 때문에 믿음의 의미를 왜곡시키는 위험한 해석들을 암묵적으로 거부해야 한다. 하지만 우리는 여기서 그칠 것이 아니라 이러한 암묵적 거절을 분명한 거절로 발전시켜야 한다. 왜냐하면 이러한 왜곡들은 대중의 생각을 지배할 수 있을 만큼 강력한 힘을 지녔기 때문이다. 그리고 과학 시대의 도래 이후 줄곧 종교로부터 많은 것들을 도용했기 때문이다. 이것은 단지 믿음의 의미를 왜곡시키는 대중적 정신만은 아니다. 그것의 이면에는 철학적이고 신학적인 사상들이 자리잡고 있다. 바로 이 세련되고 정련된 사상들은 사람들로 하여금 믿음의 의미를 잃어버리게 한다.

이것들이 믿음의 의미를 다르게 왜곡해서 해석하고 있는 이유는 한 가지 원류에서 찾을 수 있다. 궁극적 관심으로서의 믿음은 총체적인 인격의 중심적 행위이다. 만약 인격의 총체성을 구성하고 있는 기능들 중 하나가 부분적 내지는 전적으로 믿음과 동일시 된다면 믿음의 의미는 왜곡된다. 그렇다고 이러한 해석이 전적으로 잘못된 것은 아니다. 왜냐하면 인간 정신의 모든 기능들은 믿음의 행위에 참여하고 있기 때문이다. 하지만 왜곡된 해석들 속에 있는 진실의 요소는 전체적으로 볼 때 매우 미미하다.

믿음의 잘못된 해석 중 가장 평범한 것은 믿음을 낮은 정도의 증거만을 가진 지식의 행위로 간주하는 것이다. 다소 있음직한 일이나 전혀 있을 수 없는 일들은 이론적으로 충분한 근거가 없음에도 불구하고 확실한 것으로 단정된다. 일상 생활 속에서 이러한 상황은 매우 빈번하게 일어난다. 그런 행동을 하는 사람은 믿음에 대해 말하고 있는 것이 아니라, 하나의 신념을 말하고 있는 것이다. 그 사람은 자신이 가진 정보가 옳다고 믿고 있는 것이다. 그는 과거에 일어났던 사건의 기록들은 사실을 충분히 증명할 수 있다고 믿고 있는 것이다. 그는 과학적 이론은 여러 가지 사실을 이해하는데 매우 적합하다고 믿고 있다. 그는 어떤 사람이 특정한 방법으로 행동하고 정치 상황이 특정한 방향으로 흘러갈 것이라고 믿고 있다. 이 모든 경우에서 신념은 사건을 있음직한 것으로 만들어 줄 충분한 증거에 기초하고 있다. 하지만 때로 어떤 사람은 완전히 불가능한 것은 아니지만 엄밀히 생각해서 가능성이 적거나 거의 불가능해 보이는 것을 믿기도 한다. 이 모든 이론적이고 실제적인 신념의 원인은 다양하다. 어떤 사람은 어떤 일에 대해 완전한 증거가 없음에도 불구하고 그것에 대한 좋은 인상을 갖고 있기 때문에 그것을 믿는다. 어떤 사람은 어떤 일이 권위 있는 사람들로부터 호평을 받기 때문에 그것을 믿는다. 그는 확실한 증거에 직접적으로 도달하지 못했음에도 불구하고 다른 사람들이 어떤 일을 충분히 신뢰하면서 받아들이기 때문에 자기도 그것을 받아들인다. 다시 말해 그는 권위 있는 사람들에게 신뢰감을 가지기 때문에 그 사람들의 말을 있음직한 말로 듣는 것이다. 이러한 종류의 신뢰가 없다면 우리는 직접적으로 경험한 대상 이외에는 아무것도 믿지 못하게 될 것이다. 그렇게 된다면 우리의 세계는 실재하는 것보다 무한히 작아지게 될 것이다. 그래서 우리를 억지로 복종시키지 않고도 우리의 의식을 확장시키는 권위들을 신뢰하는 것은 이성적이다. 만약 우리가 신뢰의 한 종류로서 '믿음'이라는 용어를 사용하고 있다면 우리는 우리가 가진 대부분의 지식이 믿음에 근거하고 있다고 말할 수 있다. 하지만 이것은 적합한 것이 아니다. 비록 무조건적인 것은 아니지만 우리는 권위 있는 사람들을 믿고 그들의 판단을 신뢰한다. 하지만 우리가 그들 속에 있는 믿음을 소유한 것은 아니다. 비록 신뢰는 믿음의 한 요소이기는 하지만 믿음이란 권위 있는 사람들을 신뢰하는 것, 그 이상의 것이다. 초기 신학자들이 성경 저자들에 대한 신뢰를 보임으로써 그들의 무조건적 권위를 증명하려 했던 점을 상기할 때, 이것은 매우 중요한 부분이다. 아마도 기독교인이라면 성경의 저자들을 신뢰할 것이다. 하지만 그들에 대한 신뢰는 무조건적인 것이라고 말할 수 없다. 비록 기독교인들이 성경 저자들을 신뢰하고 있다 할지라도 그들이 성경 저자들이 가진 믿음을 소유하고 있는 것은 아니다. 그리고 그들이 성경을 신뢰하고 있다 할지라도 성경 속에 있는 믿음을 소유하고 있는 것은 아니다. 가장 신성한 권위를 가진 사람에 대한 신뢰라 할지라도 그 신뢰는 결코 믿음과 같을 수 없다. 믿음은 신뢰 이상의 것이다. 이것은 한 개인의 총체적 존재와 함께 자신의 궁극적 관심의 대상 안에 참여하는 것이다. 그러므로 '믿음'이라는 용어는 이론적 지식과의 연계성 속에서 사용되어서는 안 된다. 그 지식이 즉각적이거나 과학적인 증거에 기초해 있던 직접적이거나 간접적인 증거를 주장하는 권위 있는 사람에 대한 신뢰에 기초해 있던 간에 말이다.

용어학적 연구는 우리를 불가결한 문제 안으로 들어가게 한다. 믿음은 세상에서 과학적인 것에 속해 있거나 비과학적인 것에 속해 있는 지식을 확신하거나 부정하는 행위가 아니다. 우리가 이 지식을 직접적인 경험으로부터 얻었든 다른 사람들의 경험으로부터 얻었든 간에 말이다. 세상(세상의 일부인 우리 자신을 포함해서)의 지식은 우리 자신 또는 우리가 신뢰하는 사람에 의해 제기된 지식이다. 이것은 믿음의 문제와는 다르다. 믿음의 차원은 과학과 역사 또는 심리학의 차원이 아니다. 이러한 영역들 안에 있는 그럴듯한 가설들을 받아들이는 것은 믿음이 아니다. 하지만 일시적인 믿음은 학문적 방법론에 의해 시험될 수 있고 새로운 발견들에 의해 변화될 수도 있다. 믿음과 지식 사이에 있는 이 모든 투쟁은 대부분 믿음을 지식의 한 형태로 잘못 이해하고 있기 때문이다. 이 지식은 낮은 수준의 증거만을 가지고 있지만 종교적 권위에 의해 지원되고 있다. 이러한 믿음에 대한 혼란스러운 이해는 이 세상에서 믿음과 지식 사이에 역사적 갈등을 조장했다는 책임을 면치 못할 것이다. 또한 이것은 궁극적 관심의 상태 안에 있는 믿음의 문제는 과학적 방법론 이면에 숨겨져 있다는 사실을 보여준다. 즉, 믿음은 믿음으로서 드러나야지 지식으로서 드러나서는 안 된다.

믿음과 지식 사이에 있는 차이점은 이것들이 가진 확실성의 종류에 따라 확연해진다. 완전한 증거에 기초하고 있는 지식에는 두 가지 형태가 있으며 이것들은 확실성을 가지고 있다. 첫 번째 것은 감각적인 인식을 통해 즉각적으로 얻은 증거이다. 녹색을 본 사람은 녹색을 본 것이며 이것은 확실한 것이다. 하지만 그는 자신에게 보여진 녹색이라는 사물이 정말 녹색인지 확신할 수 없다. 하지만 자신이 녹색을 보았다는 사실 또한 의심할 수 없다. 비록 논리적이고 수학적인 법칙들은 자신과 다르거나 때로는 갈등을 일으키는 방법론들을 허용하기도 하지만 전제된 논리적이고 수학적인 법칙들은 완전한 증거를 가진다. 인간은 토론을 의미 있게 하는 암묵적 법칙들을 전제하지 않고서는 논리적 토론을 할 수가 없다. 바로 여기에서 우리는 절대적인 확실성을 얻을 수 있다. 우리는 실체를 가질 수 없다. 단지 감각적 인식을 통해 대상을 이해할 뿐이다. 그럼에도 불구하고 이 확실성을 의미 없는 확실성이라고 말할 수 없다. 감각적 인식에 의해 주어진 재료 없이는 진실은 불가능해 진다. 또한 논리적이고 수학적인 법칙들에 의해 주어진 형태 없이도 진실은 불가능해 진다. 왜냐하면 이 법칙들은 모든 실체가 존재하는 구조를 표현하고 있기 때문이다. 신학과 대중적인 종교들이 범하고 있는 최악의 실수들 중 하나는 이 실체의 구조를 부지 불식간에 모순적으로 진술하고 있다는 것이다. 이것은 믿음을 표현하는 태도가 아니라 믿음을 신념과 혼동하는 태도이다.

실체에 대한 지식은 완전한 증거를 통해 확실성을 얻을 수 없다. 지식의 과정은 끝이 없다. 총체적인 지식의 상태에 이르기 전까지 이 과정은 종결되지 않을 것이다. 하지만 이러한 지식은 모든 유한한 정신을 초월하여 무한해질 수 있고 오직 하나님께만 속한 것이 될 수 있다. 인간 정신이 가지는 실체에 대한 모든 지식은 고상하든 저급하든 가능성의 성격을 보유한다. 물리적 법칙, 역사적 사실, 또는 심리학적 구조에 대한 확실성은 모든 실제적인 목적을 위해 고상하게 이용될 수 있다. 이것은 분명한 사실이다. 하지만 이것들은 이론적으로 불완전한 확실성의 상태에 놓여 있다. 그래서 이것들은 어떤 시점이 되면 비판에 의해, 또는 새로운 경험에 의해 무너질 수 있다. 하지만 믿음의 확실성은 이러한 성격을 가지고 있지 않다. 또한 형식적인 증거의 성격도 가지고 있지 않다. 믿음의 확실성은 인간의 총체적인 존재와 관련되어 있는 '존재론적^{existential}' 의미를 가지고 있다. 전에도 언급했듯이 이것은 두 가지 요소를 가지고 있다. 첫 번째로 이것은 인간 존재 자체에 대해 위험성이 아닌 확실성을 가지고 있다. 즉, 인간 존재는 궁극적이고 무조건적인 어떤 것과 관계하고 있다는 것이다. 두 번째는 위험성과 의심의 연루와 용기에 관한 것이다. 즉, 인간이 정말로 궁극적이지 않은 것을 궁극적인 관심의 대상으로 받아들여 그것에 굴복할 때 인간은 파괴될 수 있다는 것이다. 이것은 고상하거나 저급한 증거를 논하거나 가능성과 불가능성을 논하는 식의 이론적인 문제가 아니다. 이것은 "존재 할 것인가 또는 존재하지 않을 것인가^{to be or not to be}"를 다루는 존재론적 문제이다. 이것은 어떤 이론적인 판단과는 다른 차원에 속한 것이다. 믿음은 신념도 아니며 낮은 수준의 가능성을 가지고 있는 지식도 아니다. 이것이 가지는 확실성은 이론적 판단이 가지는 불완전한 확실성과는 다르다.

믿음의 의미에 대한 자발적 왜곡

우리는 이와 같은 믿음의 왜곡된 해석의 형태를 가톨릭의 유형과 개신교의 유형으로 구분할 수 있다. 가톨릭적 유형은 위대한 로마 교회의 전통 안에서 발견될 수 있다. 이것은 토마스 아퀴나스^{Tomas Aquinas}로 거슬러 올라간다. 그는 믿음은 의지의 행위에 의해 보완되어야 하는 증거가 불충분한 행위라고 주장했다. 즉, 이러한 생각은 믿음은 제한된 증거를 가지고 있는 지식의 행위로서 이해되어야 하며 불충분한 증거는 의지의 행위를 통해 보완되어야 한다는 전제를 가지고 있다. 우리는 앞에서 이와 같은 방법으로 믿음을 이해하는 것은 존재론적 믿음의 성격과 부합하지 않는다는 것을 살펴 보았다. 우리는 믿음의 의미를 지적으로 왜곡하는 것을 비판한 것과 마찬가지로 믿음의 의미를 자발적으로 왜곡하는 것 또한 비판해야 한다. 전자는 후자의 근간이 된다. 이론적으로 공식화된 내용이 없다면 '믿겠다는 의지will to believe'는 무의미해질 것이다. 하지만 믿겠다는 의지가 의미하는 내용은 지성에 의해 주어진다. 예를 들어 누군가가 소위 '영혼의 불멸성immortality of soul'이라 불리는 것에 대해 의심을 가지고 있다고 하자. 그는 인간의 영혼은 몸이 죽은 후에도 계속해서 살아가게 될 것이라는 이러한 주장은 어떤 증거를 통하거나 신뢰할만한 권위를 통해서도 증명될 수 없다고 인식한다. 이것은 이론적인 견지에서 볼 때 의문의 여지가 있는 전제이다. 하지만 인간으로 하여금 이 주장을 믿게 만드는 어떤 동기가 존재한다. 그래서 인간은 이것을 믿기로 결심한다. 그리고 그러한 의지적 결정은 증거가 불충분한 이러한 방법을 보충한다. 만약 이런 것을 '믿음'이라고 한다면 이것은 어불성설이다. 심지어 죽음 후에도 인간의 영혼은 불멸할 것이라는 신념을 정당화시켜 줄 많은 증거자료들이 수집된다 할지라도 그것을 믿기로 결심하는 것은 믿음이 아니다. 고전적인 로마 가톨릭 신학 안에서

'믿겠다는 의지'는 인간의 노력을 기초로 한 행위가 아니었다. 이것은 하나님께서 은혜로서 주신 것이다. 즉, 이것은 하나님께서 사람들을 감동시키셔서 교회가 가르치는 진리들을 받아들이도록 하신 것이다. 그래서 이것은 어떤 내용에 의해 결정된 지적인 믿음도 아니다. 이것은 하나의 의지로서 지적인 것이 독자적으로 수행할 수 없는 것을 수행해 준다. 로마 교회의 권위자들은 이러한 종류의 해석에 동의했다. 교회는 이와 같이 지적인 것이 의지적인 것에 의해 보완된 믿음의 성격에 권위를 부여했다. 교회는 마치 실용주의자처럼 그곳에 은혜의 개념을 포함시켰고 의지에 어떤 특별한 의미를 내재시켰다. 그래서 믿겠다는 의지는 하나의 계획적인 것이 되어버렸다. 그것은 어떤 불충분한 논지에 의해 지원된 자의적인 결정이 되어 버렸다. 즉, 그것은 스스로 만든 정당성을 스스로에게 부여한 매우 불안정한 내용의 것이 되어 버렸다. 믿겠다는 의지를 기초로 한 이러한 신념은 확실히 믿음이 아니다.

믿겠다는 의지의 개신교적 유형은 종교개혁가들에 의해 해석된 종교의 윤리성과 관련된다. 그들은 청교도 정신에 입각해 '믿음의 순종$^{obedience\ of\ faith}$'을 요구한다. 이 용어는 두 가지 다른 의미를 가지고 있다. 그것은 궁극적 관심의 상태 안에 암묵적으로 존재하는 헌신의 요소를 의미할 수 있다. 만약 그것이 의미 있는 진술이라면 궁극적 관심의 상태 안에서 모든 정신적인 기능들은 확실히 진실한 것에 참여하고 있다고 말할 수 있다. 또는 '믿음의 순종'이라는 용어는 선지자적, 사도적 가르침에 의해 믿으라고 주어진 명령에 복종하는 것을 의미할 수 있다. 만약 선지자적 말씀이 선지자적인 것으로 받아들여진다면 즉, 그것이 하나님께로부터 온 말씀이라고 받아들여진다면 믿음의 순종은 하나님께로부터 온 메시지를 받아들이는 것과 진배 없는 것이 될 것이다. 하지만 그 말씀이 선지자적인 것이라 할지라도 그것에 의심을 들어간다면 '믿음의 순종'은 그 의미를 상실하게 될 것이다. 그것은 자의적인 것 즉, '믿겠다는 의지'가 되어버릴 것이다.

우리는 더욱 세련된 방법으로 이러한 상황을 묘사할 수 있다. 우리는 객관적인 궁극적 관심의 표현으로서 어떤 것, 특별히 어떤 성경 구절들에 사로잡힐 때가 있다. 하지만 우리는 그것을 우리의 주관적인 궁극적 관심으로 받아들이기를 주저한다. 왜냐하면 우리는 그것으로부터 도망하고 싶은 마음을 느끼기 때문이다. 이러한 경우에서 의지에 호소하는 것은 정당하며 그것은 결코 자의적인 결정을 요구하는 행위가 아니라고 말할 수도 있다. 이것은 사실이다. 하지만 이러한 의지의 행위는 믿음 즉, 이미 존재하는 궁극적 관심으로서의 믿음을 생성해낼 수 없다. 순종하라는 요구는 이미 존재하는 것이 되라는 요구가 된다. 다시 말해 그것은 도망치려는 태도로부터 벗어나 이미 존재하는 것 즉, 궁극적 관심에 헌신하라는 요구가 된다. 오직 이것만이 믿음의 순종에 있어 요구될 수 있는 상황이다. 믿음은 순종에 선행하며 순종의 파생물이 아니다. 믿으라는 명령과 의지 그 무엇도 믿음을 창조해낼 수 없다.

이것은 종교 교육 및 상담과 설교에 있어 매우 중요한 원리이다. 우리는 결코 우리가 감동을 주고 싶어하는 사람들에게 감동을 주려고 애써서는 안 된다. 믿음은 바로 그런 사람들을 위해 만들어진 요구이다. 우리의 의지 자체는 선할 수 있지만 그것을 통해 믿음을 창조해낼 수 있다는 생각은 거부해야 한다. 유한한 인간은 무한한 관심을 생성해낼 수 없다. 우리의 요동치는 의지는 믿음에 속해 있는 확실성을 생성해낼 수 없다. 이것은 엄밀히 말해 우리가 앞에서 말한 것 즉, 믿음의 진실은 결코 진술들이나 권위들에 의해 도달될 수 없다는 것과 유사하다. 그러한 진술들이나 권위들은 최상의 경우라 할지라도 다소 있음직한 일들에 대한 유한한 지식만을 전달해 줄 뿐이다. 신념에 대한 진술들이나 믿겠다는 의지는 모두 결코 믿음을 창조할 수 없다.

믿음의 의미에 대한 감정적 왜곡

지적인 문제로서의 믿음의 해석과 의지적인 문제로서의 믿음의 해석 그리고 이 두 가지가 상호 지원하는 문제로서의 믿음의 해석을 이해하는 것은 쉬운 일이 아니다. 하지만 우리는 또 한 가지, 감정적인 문제로서의 믿음의 해석을 살펴보아야 한다.

그러기 위해서 우리는 부분적으로 종교적 측면과 세속적 측면 모두에서 지원을 받아야 한다. 종교를 방어하고자 하는 사람에게 있어 감정적인 문제로서의 믿음은 지적인 문제로서의 믿음과 의지적인 문제로서의 믿음이 전쟁에서 완전히 패배한 후 도망해 있는 하나의 안전한 장소처럼 보인다. 모든 근대 개신교 신학의 아버지로 불리는 슐라이어마허는 종교를 무조건적인 의존의 감정으로 묘사했다. 물론 어떤 사람이 감정이란 심리학 속에서나 의미를 찾을 수 있는 것이지 종교에서는 의미를 찾기가 어렵다는 견해를 말한다면 그것은 옳을 수 있다. 하지만 감정은 모호하고 변화무쌍한 것이 아니다. 이것은 분명한 내용을 지녔다. 이것은 무조건적 의존이며 우리가 궁극적 관심이라고 부르는 대상과 연계되어 있는 것이다. 그럼에도 불구하고 '감정feeling'이란 용어는 많은 사람들로 하여금 믿음은 알게 되어야 할 내용과 순종해야 할 요구를 무시한 채 단지 주관적으로 감정을 분출하는 것이라고 믿게 하는 경향이 있다.

믿음에 대한 이러한 해석은 이미 과학과 윤리학 분야를 대표하는 사람들에게 도용되었다. 왜냐하면 그들은 이러한 해석을 도용하는 것이 과학적 연구와 기술적 편성의 과정에서 종교분야의 방해를 제거하기 위한 최선의 방법이라고 생각했기 때문이다. 만약 종교가 단지 감정에 불과한 것이라면 그것은 과학과 윤리학에 아무런 해도 끼치지 않는 대상이 될 것이다. 그리고 종교와 문화 사이에 있는 갈등들도 종결될 것이다. 문화는 과학적 지식의 지도하에 제 갈 길을 가게 될 것이며 종교는 모든 개인의 감정적 삶에 거울을 비춰주면서 독자적인 일을 수행하게 될 것이다. 종교에 의해 만들어질 수 있는 진리는 아무런 반박도 받지 않게 될 것이다. 종교는 과학과 역사와 심리학과 정치학 등 가능한 모든 분야의 것들과 경쟁하지 않게 될 것이다. 주관적인 감정이라는 구석에 안전하게 놓여지게 된 종교는 인간의 문화적 활동들 속에 그 어떤 위험성도 끼치지 않게 될 것이다.

그러나 종교적인 측면과 문화적 측면 중 그 어떤 측면도 이처럼 잘 정의된 평화의 계약을 유지하지 못할 것이다. 궁극적 관심의 상태로서의 믿음은 총체적인 인간을 요구할 것이며 그가 단지 주관적인 감정에 의해 제한되는 것을 원치 않을 것이다. 이 믿음은 믿음의 대상에 대한 진실과 그것에 대한 헌신까지 요구할 것이다. 이것은 단지 감정이라는 '한 구석에 있는in the corner' 그런 믿음을 받아들이지 않을 것이다. 만약 어떤 사람이 총체적인 인간으로서 믿음의 대상에게 사로잡혀 있다면 그의 모든 기능들 또한 그 대상에게 사로잡혀 있는 것이다. 만약 종교에 대한 이러한 주장이 부정된다면 종교 그 자체가 부정되는 것이다. 감정이라는 것에 믿음의 제한을 가할 수 없다면 그것은 종교가 아니다. 진정한 종교는 종교를 감정적인 구석으로 몰아넣는 데에만 특별한 관심을 가진 사람들을 받아들일 수 없다. 과학자들, 예술가들, 윤리주의자들은 자기들이 궁극적 관심을 가지고 있다는 사실을 분명히 보여준다. 그들의 관심은 그들의 창조물들을 통해 표현된다. 비록 그들은 가장 급진적 방법으로 종교를 부정하기 위해 그런 창조물들을 만들기도 하지만 말이다. 대부분의 철학과 과학과 윤리학의 체계에 존재하는 날카로운 분석들은 그 안에 얼마나 많은 궁극적 관심이 녹아 들어가 있는지를 보여준다. 심지어 그들이 종교라고 부르는 것들과 싸우기 위해 만들어 놓은 것들에게 있어서조차 말이다.

이것은 감정주의자들이 말하는 믿음의 정의의 한계를 보여준다. 인격의 총체적 행위로서의 믿음이 강력한 감정적 요소들을 가지고 있음은 분명한 사실이다. 감정은 항상 삶의 행위 또는 영혼 안에서 총체적 인격과 관계되면서 표현된다. 하지만 감정은 믿음의 원천이 아니다. 믿음은 그 방향이 분명하며 그 내용이 구체적이다. 그러므로 믿음은 진실과 헌신을 요구한다. 이것은 무조건적인 것에 방향이 맞추어져 있다. 믿음은 헌신을 요구할 뿐 아니라 그것을 정당화 시키는 구체적인 실체 안에서 드러난다.

3장 | 믿음의 상징들

PAUL TILLICH
DYNAMICS OF FATH

상징의 의미

 인간의 궁극적 관심은 상징적으로 표현되어야 한다. 왜냐하면 상징적인 언어만이 궁극적인 것을 표현할 수 있기 때문이다. 이 진술은 여러 가지 측면의 설명들을 요구한다. 근대 철학은 계속적으로 상징들의 의미와 기능들에 관한 다양한 연구를 해왔다. 그런데 이 '상징 symbol' 이라는 용어를 사용하고 있는 모든 작가들은 자기가 이해하고 있는 상징의 의미를 반드시 설명했어야 했음에도 불구하고 그렇게 하지 않았다.

 상징들은 일반적인 차원에서 하나의 기호라는 성격을 가진다. 그것들은 자기 자신을 다른 것들과 구분해 준다. 길거리의 빨간 신호등은 어떤 시점에서 차의 움직임을 멈추도록 하기 위해 만들어진 기호이다. 빨간 빛과 차의 정지는 본질적으로 아무런 관계가 없다. 하지만 그것은 하나의 약속이고 그것이 지속되는 한 그들은 습관적인 모습으로 연합하게 된다. 이와 마찬가지로 글들이나 숫자들이나 부분적으로는 언어들에게 있어서도 이것은 사실로 적용된다. 그것들은 소리와 의미를 통해 자기 자신을 배타적으로 가리킨다. 그것들은 일종의 수학적 기호로서 한 국가 내에서의 인습을 통해 또는 국제적인 인습을 통해 특별한 기능을 부여 받는다. 때로 이러한 기호는 상징이라고 불리기도 한다. 하지만 불행하게도 우리는 상징들과 기호들의 차이점을 구분하는 더 어려운 작업을 수행해야 한다. 이 두 가지의 가장 결정적인 차이는 기호들은 그것들이 지시하는 대상의 실체에 참여하지 않지만 상징들은 참여한다는 것이다. 그래서 기호는 인습과 상황의 변화에 따라 다른 것으로 대체될 수 있지만 상징은 그럴 수 없다.

이것은 상징이 내포하고 있는 두 번째 성격이다. 상징은 그것이 가리키는 대상에 참여한다. 국기는 그것이 나타내는 국가의 권력과 존엄성 안에 참여한다. 그것이 상징하고 있는 국가가 실체의 변화를 맞이할 만한 역사적 파국을 경험하지 않는 한 다른 것으로 대체될 수 없다. 국기에 대한 공격은 국기 안에서 하나의 포괄적 총체로서 인식되는 공동체의 위엄에 대한 공격으로 간주된다. 이러한 공격은 불경스러운 일로 간주되는 것이다.

상징의 세 번째 성격은 상징은 우리에게 닫혀 있었던 실체의 모습을 열어 보여준다는 것이다. 모든 예술들은 다른 방법으로는 도달할 수 없는 실체의 경지에 도달하기 위해 상징들을 창조한다. 그림이나 시는 과학적으로는 접근할 수 없는 실체의 요소들을 드러내 보여주고 있다. 이러한 창의적인 예술작품 안에서 우리는 그전에는 발견할 수 없었던 실체의 새로운 차원과 만나게 된다. 상징의 네 번째 성격은 상징은 다른 것으로는 접근할 수 없는 실체의 차원들과 요소들에 접근하게 할 뿐 아니라 그 실체의 차원들과 요소들에 부합하도록 우리 영혼의 차원들과 요소들의 문까지 열어준다. 훌륭한 연극은 우리에게 인간에 대한 새로운 시야를 제공해줄 뿐 아니라 우리 존재 안에 깊이 숨겨져 있는 심상을 열어준다. 그래서 우리는 연극이 보여주려고 하는 것을 하나의 실체로서 우리 안에 받아들이게 되는 것이다. 음악의 멜로디나 리듬처럼 우리 안에는 상징이 아니고서는 인식할 수 없는 차원의 것이 있다.

상징은 또한 의도적으로 만들어질 수 있는 것이 아니다. 이것은 바로 상징의 다섯 번째 성격이다. 이것은 개인 또는 집단의 무의식으로부터 생겨나며 우리 존재의 무의식적 차원에서 받아들여 지지 않고서는 그 기능을 발휘할 수 없다. 정치적, 종교적 상징들처럼 특별한 사회적 기능을 하는 상징들은 그것들이 나타내고 있는 공동체의 집단적 무의식에 의해 창조되거나 적어도 받아들여 진다.

상징의 여섯 번째 성격이자 마지막 성격은 상징이 발명될 수 없다는 사실의 결과로서 나타난 것이다. 인간의 삶처럼 상징은 성장하고 죽는다. 그것은 상황이 무르익고 있을 때 상황과 함께 성장한다. 그리고 상황이 변화될 때 죽음을 맞이한다. '왕'이라는 상징은 특별한 역사적 시대에서 성장했지만 오늘날에 와서는 거의 대부분의 국가에서 사라져 없어졌다. 상징은 어떤 부류의 사람들이 그것을 갈망한다고 해서 성장하는 것이 아니다. 그리고 과학적 내지는 실질적인 비판들 때문에 죽지 않는다. 그것은 초기에 그것을 표현해 보이려고 했던 공동체로부터 더 이상의 반응을 얻지 못할 때 죽음을 맞이한다.

이것들은 모든 상징들의 핵심적인 성격들이다. 진정한 상징들은 인간의 문화적 창의성이 발휘되는 여러 가지 영역에서 창조된다. 앞에서 이미 언급했듯이 그것들은 정치적, 예술적 영역에서 창조된다. 또한 역사적인 영역에서도 무시될 수 없을 정도로 창조된다. 한편, 종교적인 영역에서의 상징들은 우리의 특별한 관심의 대상이 되어야 한다.

종교적 상징들

우리는 상징의 일반적인 의미에 대해 논의해 보았다. 앞에서 언급한대로 인간의 궁극적 관심은 상징적으로 표현되어야 한다. 어떤 사람은 이렇게 질문할지도 모른다. 왜 인간의 궁극적 관심은 직접적이고 표면적으로 표현되어서는 안 되는가? 만약 어떤 사람의 궁극적 관심의 대상이 돈과 성공 또는 국가라면 그것들은 굳이 상징적 언어를 사용하지 않고 직접적인 방법을 사용하여 설명해도 무방하지 않은가? 상징적 영역 안에 계신 '하나님God'만 궁극적 관심의 대상이라고 부를 수는 없지 않은가?

이 질문에 대한 대답은 바로 이것이다. 모든 무조건적 관심의 문제는 신성한 문제이다. 만약 국가가 어떤 사람의 궁극적 관심의 대상이라면 국가의 이름은 신성한 이름이 되며 국가의 기능과 존재의 실체를 넘어서는 성스러운 특성을 얻게 된다. 즉, 국가는 진정한 궁극성을 나타내며 상징하게 된다. 우상을 맹신하는 경우 역시 여기에 해당한다. 성공을 궁극적 관심의 대상으로 삼는 것은 잠재력을 실현하고자 하는 본질적인 욕망이 아니다. 이것은 권력과 사회적 인정을 받기 위해 인생의 다른 모든 가치들을 희생하려는 준비이다. 그래서 성공하지 못할 것이라는 염려는 맹신적인 형태 즉, 신성화된 염려가 된다. 즉, 성공은 은혜가 되고 성공하지 못하는 것은 궁극적인 심판이 된다. 이러한 방법으로 평범한 실체들은 궁극적 관심의 맹신적 상징물이 된다.

이처럼 궁극성의 성격과 믿음의 본질을 설명하기 위해 개념들은 상징들로 변형되어야 한다. 진정한 궁극성은 유한한 실체의 영역을 무한히 초월한다. 그러므로 유한한 실체는 궁극적인 것을 직접적이고 표면적으로 설명할 수 없다. 종교적으로 말한다면 하나님께서는 당신 자신의 이름을 초월하신다. 이것이 바로 그분의 이름이 사용됨으로써 그분께서 쉽게 왜곡되시고 모독되시는 이유이다. 우리의 궁극적 관심의 대상이 무엇이든, 우리가 그것을 하나님이라고 부르든 부르지 않든 그 속에는 상징적 의미가 내포되어 있다. 믿음은 상징이 나타내는 대상에 참여할 때 초월적인 의미를 가질 수 있다. 그 밖의 다른 방법으로는 믿음 그 자체의 궁극적 의미를 적절히 표현해낼 수 없다. 믿음의 언어는 상징의 언어가 되어야 한다. 만약 어떤 사람이 상징적 언어를 사용하지 않아도 믿음을 표현할 수 있다고 믿는다면 그것은 잘못된 신념이다. 믿음은 궁극적 관심의 상태로서 이해되어야 하며 상징이 아닌 다른 언어로는 표현될 수 없다. 이러한 설명을 할 때 나는 항상 누군가가 이렇게 질문하기를 바란다. 겨우 상징을 통해서 그것이 가능한가? 이 질문을 하는 사람은 기호와 상징 사이에 있는 차이점과 상징적 언어의 힘은 그 어떤 비상징적 언어의 힘보다 우위에 있다는 사실을 제대로 이해하지 못하고 있는 것이다. 그는 결코 "겨우 상징을 통해서"라고 말해서는 안 된다. 대신 "오직 상징을 통해서"라고 말해야 한다. 우리는 이러한 정신을 가지고 또 다른 믿음의 상징들을 살펴보아야 한다.

우리의 궁극적 관심의 근원적인 상징은 하나님이다. 모든 믿음의 행위에는 항상 상징적 존재로서의 하나님께서 존재하신다. 심지어 그 믿음의 행위가 하나님을 부정하는 것이라 할지라도 말이다. 반면 궁극적 관심이 존재하는 곳에서도 하나님께서는 당신의 이름의 성격만을 가지고 계실 때 부정될 수 있다. 상징성 안에 계신 하나님께서는 이름의 성격만을 가지고 계신 하나님을 부정할 수도 있다. 궁극적 관심은 궁극성이라는 자기 자신의 성격을 부인할 수 없다. 그래서 그것은 '하나님'이라는 용어에 어떤 의미가 있는지 확인한다. 하지만 무신론은 그와 성격이 다르다. 무신론은 존재의 의미에 대해 무관심한 상태로 있으려 하기 때문에 어떤 궁극적 관심을 없애 버리려고 시도한다. 그래서 궁극적 질문에 대한 무관심은 있음직한 무신론의 한 형태이다. 어떤 사람은 궁극적 관심으로서의 하나님을 부정하지만 하나님은 확신한다. 왜냐하면 그는 자신의 관심 속에 있는 궁극성을 확신하기 때문이다.

하나님께서는 우리의 궁극적 관심의 대상이 되시기 위해 근본적으로 상징이 되셔야 한다. 그렇다고 여기서 "하나님께서는 상징에 불과한 분이신가"라는 질문을 던지는 것은 완전히 잘못된 것이다. 하지만 "하나님께서는 무엇 때문에 상징이 되셔야 하는가?"라는 질문은 제기할만한 것이다. 그리고 이 질문에 대한 대답은 간단하다. 그것은 바로 "하나님께서는 하나님 당신을 위해 상징이 되셔야 한다"라는 것이다. 하나님께서는 당신 자신을 위해 상징이 되신다. 우리는 하나님에 대한 관념에서 두 가지 요소를 구분해야 한다. 첫 번째 요소는 직접적인 경험의 문제이자 그 자체로 상징적이지 않은 궁극적 요소이다. 두 번째 요소는 우리의 평범한 경험으로부터 취한 것이자 상징적으로 하나님께 적용될 수 있는 구체적인 요소이다. 궁극적 관심을 가진 사람은 관심의 대상에 대한 궁극성을 소유해야 하고 그 궁극적 관심의 대상과 자기 자신의 관계성을 상징화해야 한다. 아폴로Apollo를 숭배하는 사람은 궁극적 관심을 가졌다. 그리고

믿음의 상징들 93

그것은 추상적인 모습이 아니다. 그의 궁극적 관심은 아폴로의 신성한 성격을 상징화 시켰다. 구약 성경의 하나님이신 여호와 Jahweh를 영화롭게 하는 사람은 궁극적 관심을 가지고 있을 뿐 아니라 궁극적 관심의 대상이신 그분에 대한 구체적인 이미지를 가지고 있다. 이것은 하나님은 하나님의 상징이시다 라는 진술을 도출한다. 이것은 겉으로 보기에 매우 애매한 진술 같아 보이지만 적절한 표현이다. 이것을 통해 하나님께서는 근원적이자 우주적인 믿음의 내용이 되신다.

하나님에 대한 이러한 이해는 분명히 하나님의 존재 또는 비존재에 대한 논의를 유발시킨다. 하지만 궁극적 관심의 대상의 궁극성에 의문을 제기하는 것은 무의미하다. 하나님의 개념 안에 있는 이러한 요소는 그 자체로 확실하다. 이러한 요소들의 상징적 표현은 인류의 전 역사를 통해 끊임없이 변화되어 왔다. 이처럼 궁극적 관심의 대상인 하나님의 개념 안에 있는 요소들은 시대에 따라 다양하게 상징화 되었는데 그렇다면 이전 세대에 상징화된 요소들은 여전히 존재하고 있는가? 이런 질문 역시 무의미하다. 만약 '존재existence'라는 것이 실체의 총체 안에서 발견될 수 있는 어떤 것으로 취급된다면 신성한 존재는 존재할 수 없다. 물론 이것은 다음의 질문과는 다르다. 수도 없는 믿음의 상징들 중 믿음의 의미와 가장 부합되는 믿음의 상징은 무엇인가? 즉, 맹신적 요소를 배제하고 궁극성을 가장 잘 표현해 주는 궁극적 상징은 무엇인가? 이것은 소위 '하나님의 존재

existence of God'와 관련된 문제는 아니다. 왜냐하면 하나님의 존재라는 단어의 조합은 그 자체가 불가능한 것이기 때문이다. 인간의 궁극적 관심 속에 있는 궁극적 존재로서의 하나님은 그 어떤 확실성보다 더욱 확실한 것이다. 신성한 성격들 안에서 상징화된 하나님의 개념은 대담한 믿음과 용기와 위험의 문제를 내포하고 있다.

하나님께서는 믿음의 근본적인 상징이시다. 하지만 우리가 그분께 속해 있다고 여기는 모든 자질들, 즉, 능력, 사랑, 공의는 유한한 경험으로부터 취한 것이다. 그래서 우리는 상징적 차원에서 그것들을 유한한 것 너머에 있는 것이나 무한한 것에 적용시킨다. 만약 믿음이 하나님을 '전능하신almighty' 분이라고 부르고 있다면 이것은 무한한 관심의 내용을 상징화하기 위해 능력이라는 인간의 경험을 사용한 것이다. 하지만 이것은 당신께서 원하시는 일들이라면 모든 것을 하실 수 있는 최고의 존재를 묘사하고 있는 것이 아니다. 이 모든 것들은 실제로 하나님께서 가지고 계신 자질과 다른 자질들이다. 이것은 인간이 가진 과거와 현재와 미래의 모든 행위들과 경험들을 통해 얻은 하나님에 대한 추측이다. 그것들은 일상생활의 경험으로부터 얻은 상징들이지 하나님께서 옛날 옛적에 실제로 행하셨거나 미래의 어느 날 행하실 일들에 대한 정보가 아니다. 이와 같이 믿음은 실제적인 이야기를 통해 얻은 신념이 아니다. 그것은 우리의 궁극적 관심을 거룩한 행위로 표현한 상징들을 받아들이는 것이다.

또한 믿음의 상징은 사물과 사건들, 개인과 공동체들, 말씀과 교리 안에서 거룩한 형태로 나타난다. 이 신성한 대상의 총체적 영역은 상징의 보물이다. 거룩한 것은 단지 그 자체로서 거룩성을 보여주는 것이 아니라 그 자체를 뛰어 넘어 궁극적 관심의 대상인 모든 거룩의 원천들까지도 보여준다.

상징들과 신화들

믿음의 상징들은 고립되어 나타나지 않는다. 그것들은 그리스어로 'mythos' 즉, 신화의 의미를 가진 '신들의 이야기들' 안에서 연합된다. 신들은 개별적인 특성들을 가진다. 그들은 인간의 성격과 매우 유사하고 성적으로 구분되어 있고 계통을 잇기도 하고 사랑과 투쟁 안에서 서로 관계를 가지기도 한다. 또한 인간과 세계를 생산하기도 하고 시간과 공간 안에서 행동하기도 한다. 그들은 창조적인 일과 파괴적인 일들을 하면서 인간의 위대함과 비참함에 참여하기도 한다. 또한 문화적, 종교적 전통을 인간에게 전달해 주기도 하고 어떤 신성한 의식^{ritual}을 지키기도 한다. 그들은 인간들, 특별히 어떤 가족들이나 부족들 또는 민족들을 도와주기도 하고 위협하기도 한다. 그들은 육체를 통해 나타나기도 하고 거룩한 장소는 의식과 개인들을 만들어 냄으로써 일종의 숭배의 대상을 창조하기도 한다. 하지만 그들은 어떤 지배력 하에 놓여 있었고 모든 것들 이면에 존재하는 운명의 위협 안에 놓여 있었다. 고대 그리스에서는 이와 같이 매우 인상적인 신화들이 존재했다. 하지만 그리스 신화가 가진 이러한 성격들은 대부분의 다른 모든 신화들에서도 발견된다. 일반적으로 신화학적 신들은 동일한 위치에 있지 않았다. 그들에게는 일종의 계급이 있었다. 그리스 신화에서는 최상위에 다스리는 신이, 인도 신화에서는 삼위일체적 신이, 페르시아 신화에서는 이중성을 가진 신이 존재했다. 그리고 최고의 신들과 인간을 중재해 주는 구원의 신들도 존재했다. 때로 어떤 신들은 본질적인 불멸성을 가지고 있었음에도 불구하고 인간과 함께 고통과 죽음을 나누기도 했다. 이것이 바로 위대하기도 하면서 이상하기도 하고 항상 변화하지만 근본적으로는 변한 것이 없는 신화의 세계다. 인간의 궁극적 관심은 신성한 특징들과 행동들 안에서 상징화되었다. 신화는 신들과 인간의 만남을 이야기로 결합시킨 믿음의 상징들이다.

신화는 항상 모든 믿음의 행위 안에 존재한다. 왜냐하면 믿음의 언어는 상징이기 때문이다. 신화는 또한 인류 역사에 나타났던 각각의 위대한 종교들에게 공격을 받았고 비판을 받았고 때로는 그것들을 초월하기도 했다. 이러한 성격들은 신화가 가지는 본질이다. 신화는 인간의 평범한 경험으로부터 얻은 재료들을 사용한다. 신화는 본질적으로 시간과 공간 너머에 있는 궁극적인 것에 속한 것임에도 불구하고 신들의 이야기들을 시간과 공간의 틀 안으로 가져다 놓는다. 무엇보다 신화는 몇 개의 특성에 따라 신들을 구분하고 궁극성에 대한 그들의 총체적 요구를 소멸시키지 않은 채 그들의 개별적인 궁극성을 소멸시킨다. 그래서 그들은 불가피하게 궁극적인 요구들과 갈등을 일으키고 급기야 삶과 사회와 의식을 파괴한다.

비록 종교의 유형에 따라 다른 방법을 사용하기는 하지만 신화 비판주의자는 우선 신들을 구분하는 행위를 거부하고 신은 하나가 되어야 한다고 주장한다. 하지만 그 하나의 신 역시 신화적 언어의 대상이며 시간과 공간의 틀 안으로 옮겨진 신이다. 그래서 만약 신화 비판주의자가 구체적인 궁극적 관심의 내용을 만들지 않는다면 그의 궁극성은 사라질 것이다. 어쨌든 결과적으로 신화 비판주의자는 끊임 없이 다신교적 성격을 가진 신화를 거부할 것이다.

일신주의자들 역시 신화를 비판하는 부류에 속한다. 오늘날 누군가가 말했듯이 그들에게 필요한 것은 '비신화화demythologization'이다. 이 용어는 성경의 이야기들과 상징들 안에 있는 정교한 신화적 요소들과 관련되어 사용되어 왔다. 이것은 구약과 신약 모두에서 적용된다. 그것은 낙원과 아담의 타락, 노아시대의 대홍수, 출애굽, 동정녀의 메시아 잉태, 예수님의 많은 기적들, 예수님의 부활과 승천, 우주의 심판자로서 다시 돌아오실 예수님의 이야기를 비롯하여 많은 이야기들을 담고 있다. 다시 말해 신과 인간의 상호작용을 보여주고 있는 이 모든 이야기들은 신화적인 성격을 가진 것들이면서 동시에 비신화화의 대상들이다. 이 부정적이고 인위적인 용어는 무엇을 의미하고 있는가? 만약 이 용어가 필수 불가결하게 신화는 신화로서, 상징은 상징으로서 인식되어야 함을 의미한다면 이 용어는 받아들여져야 하고 지원되어야 한다. 만약 이 용어가 상징들과 신화들을 모두 소멸시키는 것을 의미한다면 이 용어는 공격 받아야 하고 거부되어야 한다. 이러한 시도는 신화를 비판하는 세 번째 단계이다. 하지만 이것은 결코 성공할 수 없는 시도이다. 왜냐하면 상징과 신화는 인간의 의식 속에 항상 존재하는 형태들이기 때문이다. 인간은 어떤 신화를 다른 신화로 대체시킬 수 있다. 하지만 인간의 영적인 삶으로부터 신화를 소멸시킬 수는 없다. 왜냐하면 신화는 상징들과 우리의 궁극적 관심이 결합된 것이기 때문이다.

신화로서 이해되지만 소멸되지 않거나 또는 대체되는 신화를 우리는 '깨진 신화$^{broken\ myth}$'라고 부를 수 있다. 기독교는 본질상 깨지지 않은 신화이기 때문에 이것을 거부한다. 기독교의 전제는 바로 제1계명 안에 명시되어 있기 때문에 궁극적인 것을 궁극적인 것으로 확신하는 것은 그 어떤 종류의 우상도 거부한다. 성경과 교리와 예식 속에 있는 모든 신화적인 요소들은 신화적인 것으로 인식되어야 한다. 하지만 그것들은 상징적인 형태로 유지되어야 하며 과학적 대체물들에 의해 대체되어서는 안 된다. 그러므로 기독교의 상징들과 신화들은 대체물에 의해 대체될 수 없다. 왜냐하면 그것들은 모두 믿음의 언어들이기 때문이다.

신화를 비판하는 사람은 원시적 신화는 의식적conscious으로 해석되어서는 안 된다고 주장한다. 이것은 비신화화하려는 모든 행위에 대한 두려움 때문이다. 그는 깨진 신화는 신화 속에 있는 진실과 설득력을 빼앗아간다고 믿었다. 반면 깨지지 않은 신화 속 세계에서 살고 있는 사람들은 안전함과 확신을 느낄 수 있다고 믿었다. 그들은 자주 열광적으로 '신화를 깨는 것breaking the myth' 즉, 신화의 상징적 성격을 의식적 성격으로 변형시키는 것을 통해 불확실성의 요소들을 창출하려는 그 어떤 시도도 거부했다. 이러한 거부는 종교적 또는 정치적 권력 체계에 의해 지원을 받았다. 그것은 바로 권력 체계 안에서 통제를 받고 있는 사람들에게 안도감을 주고 권력을 가진 사람들에게 도전할 수 없는 힘을 주기 위함이었다. 비신화화에 대한 거부는 '문자주의literalism'로 표현되었다. 상징들과 신화들은 그것이 가진 직접적인 의미로 이해되었던 것이다. 인간은 자신들의 감각을 통해 자연과 역사로부터 얻어진 재료들을 이해하게 되었다. 그 자체를 초월하여 다른 어떤 것들을 가리키는 상징의 성격은 소홀히 여겨지게 되었다. 옛날 옛적에 일어났던 마술적 행위들은 문자 그대로 받아들여졌다. 아담은 특정한 지리적 장소에서 살았고 그의 타락은 인간 개개인에게 영향을 끼치게 되었던 것이다. 동정녀의 메시아 잉태 또한 생물학적 용어들로 이해되었고 예수님의 부활과 승천 또한 물리적 사건으로 이해되었다. 예수님의 재림 또한 지구적인 것 또는 우주적인 것 또는 대참사로서 이해되었다. 이러한 문자주의는 하나님께서는 우주에 있는 다른 존재들과 마찬가지로 시간과 공간 안에서 행동하시고 특정한 장소에 거하시고 사건의 과정에 영향을 미치시고 그것들로부터 영향을 받으시는 존재라는 전제를 가진다. 문자주의는 하나님의 궁극성을 앗아갔다. 또한 종교적으로 말해 그분의 위엄을 앗아갔다. 이것은 하나님을 궁극적이지 않고 유한하며 조건적인 수준으로 끌고 내려갔다. 이 분석은 신화에 대한 이성적인 비판이라기보다는 종교 내부적 비판에 가깝다. 만약 믿음이 그것의 상징을 문자적으로만 받아들인다면 믿음은 맹신이 될 것이다. 그것은 진정한 궁극성에 미치지 못하는 궁극성만을 요구한다. 믿음의 상징 속에 있는 상징적 성격을 인식한다면 믿음은 하나님 그분께 속해 있는 영광을 돌려야 할 것이다.

우리는 문자주의를 두 가지 상태 즉, 자연적인 상태와 반동적인 상태로 구분해야 한다. 문자주의의 자연적인 상태는 신화적인 것과 문자적인 것이 구분될 수 없는 경우를 말한다. 미개한 시대에 살았던 개인들과 집단들은 관찰과 실험을 통해 증명될 수 있는 사실들로부터 상징적 심상의 창조물들을 분리시킬 능력이 없었다. 이러한 상태는 인간이 궁금증을 품기 시작하면서 인간이 신화적 심상을 문자적으로 자연스럽게 받아들이는 것을 붕괴하는 시점이 되기까지 아주 정당한 것으로 받아들여졌고 그 무엇도 그것을 방해할 수 없었다. 하지만 그런 시점이 도래한 후부터 두 가지 방법이 가능해졌다. 첫 번째 것은 깨지지 않은 신화가 깨진 신화에 의해 대체되는 것이었다. 비록 이것은 신화의 파괴를 통해 불확실성을 얻는 것보다 자신의 궁금증들을 억제하는 것을 더 선호했던 사람들에게는 불가능한 일이었지만 일부에서 서서히 일어나기 시작했다. 그래서 그들은 문자주의의 두 번째 상태로 내 몰렸다. 그들은 궁금증들을 인식하고 있었지만 그것을 나타내 보이지 않음으로써 반의식적 half consciously이면서 동시에 반무의식적 half unconsciously 상태에 머물렀다. 그들은 일반적으로 신성한 것들 즉, 교회나 성경의 권위를 인식함으로써 스스로를 억압했다. 그들은 무조건적 복종을 선택했던 것이다. 만약 인간의 궁금증이 별것 아니고 쉽게 답할 수 있는 것들이라면 이러한 상황은 정당했을 수도 있다. 하지만 정치적 또는 심리학적 방법들이 성숙한 정신의 인격적 중심을 붕괴하고 그 연합을 말살하고 그 고결함에 상처를 입혔다면 이것은 결코 정당하지 않다. 비평신학의 적은 자연적 문자주의가 아니라 자율적 사상에게 억압과 공격을 가하는 의식적 문자주의이다.

믿음의 상징들은 마치 예술적 상징들처럼 다른 상징들에 의해 대체될 수 없다. 그리고 그것들은 과학적 비판에 의해 소멸될 수 없다. 과학과 예술이 그런 것 같이 그것들은 인간 정신 속에서 진정한 지위를 가졌다. 그것들의 상징적 성격은 그것들의 진실이며 그것들의 능력이다. 상징들과 신화들처럼 우리의 궁극적 관심을 잘 표현할 수 있는 것은 없다.

여기서 또 한 가지 의문점이 생긴다. 즉, 어떤 신화들이 모든 종류의 궁극적 관심을 표현할 수 있는가? 어떤 기독교 신학자들은 '신화myth'라는 용어는 계절들처럼 반복되는 자연적 과정들을 가진 자연주의적 신화로 보존되어야 한다고 주장한다. 왜냐하면 자연적 과정들 안에 있는 각각의 단계들은 궁극적 관심의 대상으로 여겨지기 때문이다. 그들은 기독교와 유대교가 그런 것처럼 만약 사람들이 이 세계를 시작과 중심과 끝을 가진 하나의 역사적 과정으로 이해한다면 '신화'라는 용어는 사용되어서는 안 된다고 믿는다. 즉, 그런 상황이라면 신화라는 용어가 들어맞는 영역은 급진적으로 줄어들게 될 것이라고 주장한다. 그리고 신화라는 용어는 우리의 궁극적 관심을 나타내는 언어로 이해될 수 없고 폐기 처분된 관용구로 이해될 것이라고 주장한다. 하지만 역사는 자연주의적 신화들뿐 아니라 역사적 신화들이 존재한다는 사실을 증명해 준다. 만약 고대 페르시아인들이 이해한 것처럼 지구가 두 개의 신적인 능력들이 서로 싸우는 전장이라면 이것은 역사적인 신화이다.

창조의 하나님께서 모든 역사를 초월하는 하나의 목적을 위해 역사 안에서 한 민족을 택하시고 인도하셨다면 이것은 역사적인 신화이다. 만약 초월적이고 신성한 존재이신 그리스도께서 시간이라는 개념 안에서 사시고 죽으시고 부활하셨다면 이것은 역사적인 신화이다. 기독교는 자연적 신화 안에 구속되어 있는 종교들보다 훨씬 우월하다. 하지만 기독교 역시 다른 모든 종교들처럼 신화적 언어를 사용한다. 이것은 깨진 신화이지만 신화는 신화이다. 만약 그렇지 않으면 기독교는 궁극적 관심을 표현하지 못하게 될 것이다.

4장

믿음의 유형들

믿음의 요소들과 그것들의 역동성

궁극적 관심의 상태로서의 믿음은 주관적, 객관적인 많은 형태들 안에서 존재한다. 어떤 점에서 볼 때 모든 종교들과 문화적 집단 그리고 모든 개인들은 특별한 경험과 믿음의 내용들의 운반자이다. 믿음의 주관적인 상태는 믿음의 상징들의 변화와의 상관관계 안에서 변화한다. 믿음의 다양한 표현들을 분석하기 위해서 우리는 이 믿음의 기초적인 유형들과 그것들의 역동적 상호관계를 살펴볼 필요가 있다. 이 유형들은 정적인 형태로 존재하며 서로 나란히 병행해 있다. 하지만 그것들은 또한 역동적인 요소를 가지고 있다. 그것들은 자기들이 대표하고 있는 믿음의 특별한 측면들을 위해 궁극적인 유효성을 주장한다. 이것은 모든 종교적 공동체 안에 있는 각기 다른 믿음의 유형들 사이에서, 그리고 위대한 종교들 그 자체 사이에서 긴장과 다툼을 초래한다.

여기에서 분명히 진술되어야 할 사실은 유형들이란 사상의 구조이지 실체 안에서 발견될 수 있는 것이 아니라는 것이다. 어떠한 인생의 영역에도 순수한 유형들이란 있을 수 없다. 모든 실재하는 것들은 여러 가지 유형들 안에 참여한다. 하지만 어떤 한 가지 유형을 결정하고 삶의 역동성을 이해할만한 것으로 만들기 위해서는 우세한 특징을 상세히 설명해야 한다. 이것은 믿음의 형태들과 표현들에게 있어서도 사실이다. 그것들은 전형적인 특징들을 갖고 있다. 즉, 모든 믿음의 행위 안에서 여러 가지 특징들은 가장 우세한 한 가지 특징 아래에서 결합된다.

예를 들어 어떤 사람은 거룩한 경험 속에서 두 가지 중요한 요소들을 구별해낼 수 있다. 첫 번째 요소는 바로 지금 여기에 존재하는 거룩한 것의 임재이다. 이것은 그 장소를 신성하게 할 뿐 아니라 그런 현상 자체까지도 신성하게 한다. 그것은 놀랍고 매혹적인 능력을 통해 인간의 마음을 사로잡는다. 이것은 황홀한 방법으로 평범한 실체를 흔들고 부수고 초월적인 세계로 안내한다. 이것은 법칙들을 제정한다. 거룩한 것은 존재하는 것이어야 할 뿐 아니라 경험될 수 있는 것이기 위해 현재에 존재하는 것이어야 한다.

동시에 거룩한 것은 존재하는 모든 것들을 판단한다. 이것은 정의와 사랑의 감각 안에서 개인적, 사회적 거룩을 요구한다. 우리의 궁극적 관심은 본질적으로 우리가 어떤 존재임을 깨닫게 하고 어떤 존재가 되어야 함을 보여준다. 이것은 우리 존재의 법칙으로서 우리 곁에 서 있을 뿐 아니라 우리를 향해 서 있다. 거룩은 우리에게 어떤 존재가 되어야 한다고 명령하는 능력을 가지지 않고서는 결코 거룩으로써 경험될 수 없다.

만약 우리가 거룩한 경험 안에 있는 첫 번째 요소를 '존재의 거룩holiness of being'이라고 부른다면 우리는 거룩한 경험 안에 있는 두 번째 요소를 '되어야 할 거룩holiness of what ought to be'이라고 부를 수 있다. 간략히 말해 우리는 첫 번째 믿음의 형태를 존재론적 유형ontological type으로, 두 번째 믿음의 형태를 윤리적 유형moral type으로 부를 수 있다. 종교들 사이에, 그리고 종교 안에 있는 믿음의 역동성은 크게 이 두 가지 유형들에 의해 결정된다. 이 유형들은 상호의존성과 갈등을 가진다. 이것들은 가장 개인적인 믿음을 상징하는 기도실 안 뿐 아니라 위대한 역사적 종교들의 활동 안까지 영향력을 미친다. 이것들은 모든 믿음의 행위 안에 편재해 있다.

하지만 둘 중 하나는 항상 우세한 입장에 있다. 인간은 유한한 존재이기 때문에 믿음의 모든 요소들을 완전한 균형감각을 통해 연합시킬 수 없다. 반면 그는 자신의 유한성을 인식하는 상태에서 머물러 있을 수 없다. 왜냐하면 믿음은 궁극적인 것과 그것의 적당한 표현에 관심을 가지기 때문이다. 만약 인간의 총체적인 존재가 궁극성에 이르지 못하는 어떤 것에 의해 결정된다면 인간의 믿음은 부적합하게 될 것이다. 그러므로 인간은 항상 자신의 유한성의 한계를 극복하려고 노력해야 하며 도달할 수 없는 그것 즉, 궁극 그 자체에 이르도록 노력해야 한다. 이러한 긴장 때문에 믿음과 관용의 문제가 생긴다. 절대적인 것에 대한 요구가 전혀 없는 태도 즉, 상대주의와 관련된 관용은 쓸모 없고 무의미하다. 이러한 관용은 반대 개념인 편협한 절대주의에 대한 반동에 불과하다. 믿음은 관심의 대상에게 있는 궁극성에 기초한 확신과 더불어 상대주의에 기초한 관용을 연합해야 한다. 믿음의 모든 유형에는 이와 같은 문제점이 있다. 특별히 개신교의 형태 안에서는 더욱 그렇다. 기독교의 믿음은 자기 비판의 능력을 가져야 하며 상대주의에 직면하는 용기도 가져야 한다. 즉, 그것은 위대함과 위험을 동시에 가져야 한다. 다른 어떤 성격보다 바로 이런 성격으로 인해 믿음의 역동성은 명백해지고 의식적conscious이 된다. 믿음이 주장하는 절대성과 믿음의 삶이 내포하는 상대성 사이에는 무한한 긴장이 있다.

믿음의 존재론적 유형들

무엇보다 거룩한 것은 존재로서 경험된다. 그것은 바로 지금 여기에서 존재하는 것이다. 즉, 우리는 그것을 어떤 일들 속에서, 어떤 사람 속에서, 어떤 사건들 속에서 우연히 만나게 된다. 믿음은 모든 실체의 궁극적인 근간이자 의미인 구체적인 실체의 조각 안에서 드러난다. 모든 실체의 조각은 거룩한 것의 운반자가 될 가능성을 가지고 있다. 그리고 대부분 모든 종류의 실체는 확실히 개인과 공동체의 믿음의 행위에 의해 거룩한 것으로 인식되어 왔다. 이러한 실체의 조각은 전통적인 언어로 표현해 '성례적sacramental' 성격을 가졌다. 이 성례적 성격을 가진 물잔과 빵 조각과 포도주 잔과 나무와 손의 움직임과 무릎과 건물과 강과 색채와 언어와 책과 개인은 거룩한 것의 운반자이다. 그것들 안에서 믿음은 궁극적 관심의 대상의 내용을 경험한다. 그것들은 제 멋대로 선택된 것들이 아니라 개인의 특별한 경험을 통해 선택된 것이다. 그것들은 세대와 세대에 걸쳐 공동체의 집합적인 반응들이 변화되고 감소되고 증가되는 가운데 받아들여졌다. 그것들은 다른 거룩한 것의 운반자에 의해 경외심과 매혹과 숭배와 맹신주의적 왜곡과 비판주의를 양산했다. 이 믿음의 성례적 유형은 보편적인 것이다. 이것은 모든 종교에서 존재한다. 이것은 개인들과 공동체의 삶에 있어 공허하지 않고 추상적이지 않고 무의미하지 않은 믿음의 일용할 양식이다.

종교의 성례적 유형에서 믿음은 어떤 것은 거룩하고 어떤 것은 거룩하지 않다는 식의 신념이 아니다. 이것은 특별한 매개물을 통해 거룩한 것에 붙들리게 된 상태이다. 어떤 것이 신성한 성격을 가졌다는 주장은 오직 주장하는 식의 믿음 안에서만 의미를 가진다. 일반적인 타당성만을 강조하는 이론적 판단의 측면에서 볼 때 이것은 의미 없는 단어의 조합에 불과하다. 하지만 믿음의 주체와 객체 사이의 상관관계의 측면에서 볼 때 이것은 의미와 진실을 소유한다. 오직 외부 관찰자만이 믿음을 가진 사람과 거룩한 믿음의 대상 사이에는 믿음의 상관관계가 있다는 진술을 할 수 있다. 하지만 그는 이 믿음의 상관관계의 타당성을 부정하거나 확신할 수는 없다. 그는 오직 사실로서만 그것을 진술할 수 있다. 만약 어떤 개신교 신자가 마리아 상 앞에서 기도하고 있는 가톨릭 신자의 모습을 보고 있다면 그는 하나의 관찰자일 뿐이지 기도하고 있는 가톨릭 신자의 믿음이 타당한지 그렇지 않은지에 대해서는 진술할 수 없다. 만약 그가 개신교 신자가 아니고 가톨릭 신자였다면 그는 자기가 관찰하고 있는 가톨릭 신자의 믿음의 행위에 가담했을지도 모른다. 외부에 의해 즉, 믿음의 상관관계에 의해 판단될 수 있는 믿음의 척도는 없다. 하지만 다른 어떤 것은 발생할 수 있다. 믿음을 가진 사람은 자기 자신에게 이런 질문을 던질 수 있으며 다른 사람으로부터 이런 질문을 받을 수 있다. 즉, 그러한 매개체를 통해 궁극적 관심을 경험한 사람이 실재 궁극성을 표현할 수 있는가 라는 질문 말이다. 이러한 질문은 믿음의 성례적 유형을 개혁하고 믿음을 다른 방향들로 몰고 가면서 종교 역사 안에서 역동적인 힘을 발휘했다.

이러한 질문에는 유한한 것은 부적합성을 가진다는 전제가 있다. 비록 그것이 가장 거룩한 실체의 조각이라 할지라도 말이다. 즉, 유한한 것은 궁극적 관심을 표현할 수 없다는 것이다. 하지만 인간의 마음은 이러한 부적합성을 간과해 버린 채 거룩한 대상과 궁극적인 것 자체를 동일시해 버린다. 성례적 대상은 그 자체가 거룩한 것으로 받아들여 진다. 거룩한 것의 운반자로서의 성격은 완전히 다르게 과장되고 결국 믿음의 행위 안에서 사라지기까지 한다. 믿음의 행위는 더 이상 궁극적인 것 그 자체를 향하지 못하고 궁극적인 것을 나타내는 대상을 향하게 된다. 즉, 나무와 책과 건물과 사람 같은 것들에게 말이다. 이 경우 믿음의 투명성은 사라진다. 개신교는 가톨릭의 한 가지 교리 즉, 예수님께서 마지막 만찬에서 사용하신 빵과 포도주가 예수님의 살과 피로 변화한다는 '화체설^{transubstantiation}'은 신성한 것의 투명성을 상실하게 만드는 것이며 거룩한 것을 세상에서 파생된 단편들과 동일시하는 것이라고 믿었다. 물론 믿음은 거룩한 것이 구체적으로 드러난 현시 즉, 예수님을 그린 그림이나 마지막 만찬을 의미하는 빵과 포도주를 통해 경험된다. 하지만 만약 성찬식에서 사용된 빵과 포도주가 그 자체로서 타당한 성격을 가진 신성한 대상이며 성스러운 장소를 보존해 줄 수 있는 대상으로 간주된다면 이것은 교리의 왜곡이다. 믿음의 상관관계를 제외하면 거룩한 것은 있을 수 없다. 모든 거룩한 것의 원천은 믿음의 상관관계를 통해 투명해진다.

믿음의 성례적 유형은 한계와 위험을 가지고 있었기 때문에 모든 역사적 시대 안에서 믿음을 총체로서의 실체뿐 아니라 모든 실체의 조각들을 초월하는 급진적 단계 즉, 신비주의에까지 이르게 했다. 그들은 궁극적인 것을 모든 것들의 근간 내지는 본질과 동일시 했다. 즉, 유일한 존재, 말로 표현할 수 없는 존재, 존재 위에 있는 존재로 생각했던 것이다. 신비주의적 믿음에 대한 관심은 믿음의 구체화된 형식, 즉, 믿음의 성례전적 형식을 거부하는 것이 아니었으며 믿음의 성례전적 형식을 초월하는 것이었다. 신비주의적 믿음은 믿음의 가장 구체적인 형태로부터 모든 구체성들이 순수한 신성의 심연에서 녹아 없어지는 상태에까지 이르는 긴 여정의 종착점이었다. 신비주의는 비이성주의가 아니다. 유럽과 아시아의 가장 위대한 신비주의자들 중 많은 사람들은 가장 위대한 철학자들과 마찬가지로 명료성과 일관성과 이성적 측면에서 탁월한 면모를 보여주었다. 그들은 궁극적 관심 안에 있는 진정한 믿음의 내용은 성례적 믿음이라는 갈망을 통해 실체의 조각들과 동일시 될 수 없을 뿐 아니라 이성적 체계 안에 있는 용어들로 표현될 수도 없다고 생각했다. 이것은 황홀적 경험의 문제이다. 그러나 인간은 궁극적인 것을 언어로 말할 수 있는 가능성을 거부당해야 마땅하지만 동시에 그 방법 이외에는 궁극적인 것을 표현할 방법이 없다. 이것은 신비주의적 믿음이 표현될 수 있는 유일한 방법이다. 하지만 어떤 사람은 이렇게 질문할 것이다. 만약 신비주의적 믿음의 내용이 표현될 수 있는 어떤 형태를 초월한다면 궁극적인 것을 표현할 수 있는 다른 방법이 생겨야 하지 않겠는가? 믿음은 거룩한 것의 현시를 경험하는 것에 기초하고 있는 것이 아니지 않는가? 만약 궁극적인 것이 모든 가능한 경험들을 초월하는 것이라면 이러한 경험이 어떻게 가능한가? 이 질문에 대해 신비주의자들은 이렇게 대답한다. 유한한 세계 속에 궁극적인 것이 존재하고 있는 장소가 있는데 그곳은 바로 인간 영혼의 심연이다. 이 심연은 바로 유한한 것과 무한한 것 사이의 접촉점이다. 그곳으로 들어가기 위해 인간은 유한한 일상생활의 모든 내용들을 버리고 자기자신을 비워야 한다. 그는 궁극적 관심을 위해 모든 일시적인 관심들을 포기해야 한다. 그는 성례적 믿음이 궁극적인 것을 경험하는 실체의 조각 그 너머로 나아가야 한다. 그는 존재의 구분 즉, 주체와 객체를 구분하는 행위를 초월해야 한다. 심지어 그 구분이 가장 깊고 우주적인 것이라 할지라도 말이다. 궁극적인 것은 이 구분 너머에 있다. 그리고 이 궁극적인 것에 도달하고자 하는 사람은 명상과 묵상과 무아지경을 통해 이러한 구분을 스스로 극복해야 한다. 이 영혼의 운동 안에서 믿음은 궁극적 관심의 내용을 가진 것과 가지지 않은 것 사이의 동요를 감지한다. 이것은 접근 가능한 수준 안에서 움직인다. 이것은 갑자기 이전 상태로 되돌아 가기도 하며 갑자기 충만한 상태로 나아가기도 한다. 신비주의적 믿음은 성례적 믿음을 멸시하거나 거부하지 못한다. 신비주의적 믿음은 모든 성례적 믿음 안에 존재하는 것 너머로 향한다. 하지만 그것은 아직 형태를 부여 받은 구체적인 대상 아래에 숨겨져 있다. 신학자들은 가끔 믿음과 신비적 경험을 대조적으로 표현하기도 한다. 그들은 믿음과 궁극적인 것 사이에 거리는 결코 좁혀질 수 없다고 말한다. 신비주의는 정신과 존재와 의미의 근간이 되는 궁극적 관심의 내용을 결합시키려 한다. 하지만 이러한 대조는 타당성에 있어 한계를 가진다. 신비주의는 유한한 것과 무한한 것 사이의 무한한 거리를 인식하고 일시적으로 무한한 것과 연결된 상태를 하나의 삶으로 받아들인다. 이러한 궁극적 황홀경에 의해 지배된 삶은 아마도 결코 중단되지 않을 것이다. 종교를 가진 사람들은 오직 궁극적 관심의 내용에 사로잡혀 있을 때에만 믿음을 얻을 수 있다. 성례주의처럼 신비주의 역시 믿음의 한 유형이다. 그리고 모든 믿음의 유형에는 성례적 요소뿐 아니라 신비주의적 요소가 있다.

심지어 인본주의자들이라 할지라도 그가 존재론적 믿음의 유형을 가졌다면 이것은 사실이다. 특별히 이것은 매우 중요한 시사점을 준다. 왜냐하면 인본주의는 자주 불신앙과 동일시되며 믿음과 대치된 것으로 간주되기 때문이다. 만약 믿음이 신성한 대상의 존재와 행위에 대한 신념으로 정의된다면 이러한 생각은 옳을 수 있다. 하지만 믿음이 궁극적인 것에 대해 궁극적인 관심을 가지는 상태로써 이해된다면 인본주의는 믿음을 수반할 수 있다. 인본주의란 예술과 철학, 과학과 정치, 사회 관계와 개인의 윤리에 이르기까지 인간의 모든 영적 삶의 척도가 인간 자신이 되어야 한다는 태도를 의미한다. 인본주의에 의하면 신성한 것은 인간 안에서 표명된다. 인간의 궁극적 관심은 인간이다. 물론 이 모든 것은 본질적인 인간을 의미한다. 즉, 그것은 진정한 인간, 이상적인 인간을 의미하는 것이지 실제적인 인간, 진정한 인간의 본질로부터 소외되어 있는 인간을 의미하는 것이 아니다. 그래서 만약 인본주의자가 자신의 궁극적 관심은 인간이라고 말한다면 여기서의 인간은 유한한 실체를 가졌지만 궁극적 존재가 될 수 있는 인간을 말한다. 마치 성례적 믿음이 실체의 조각 안에서 궁극적인 것을 이해하거나 신비주의적 믿음이 인간 영혼의 깊은 심연 안에서 무한한 것을 발견하는 것처럼 말이다. 물론 성례적 믿음, 신비주의적 믿음과 인본주의에는 차이점이 있다. 성례적 믿음과 신비주의적 믿음은 인본주의의 한계를 초월하며 인간과 인간의 세상을 넘어 그 자체로 궁극적인 것에 이르려고 시도한다. 반면 인본주의는 여전히 이러한 한계 안에 머물러 있다. 이러한 이유 때문에 인본주의적 믿음은 소위 '종교적^{religious}' 믿음이라고 불리는 두 가지 유형의 믿음 즉, 존재론적 믿음과 도덕적 믿음과는 대조적으로 '세속적^{secular}' 믿음이라고 불린다. 세속적이란 말은 평범한 사건들의 과정 안에 속해있고 그것을 이탈하거나 초월하여 신성한 것 안으로 들어가지 않는 것을 의미한다. 라틴어와 그 파생언어들은 불경스럽다는 용어를 '신전 문 앞에 있는 것$^{being\ before\ the\ doors\ of\ the\ temple}$'이라고 표현한다. 여기서 불경스럽다는 말은 세속적이다 라는 말과 동일한 의미이다. 만약 사람들이 "우리는 세속적이다"라고 자주 말한다면 그들은 신전 문 밖에서 살아가고 있는 것이다. 결과적으로 그들은 믿음 없이 살아가고 있는 것이다. 하지만 만약 누군가가 그들에게는 궁극적 관심 즉, 그들을 무조건적인 진지함으로 이끄는 어떤 것이 없다고 말한다면 그들은 그것을 강력하게 부정할 것이다. 그리고 이처럼 그들이 궁극적 관심을 가지고 있지 않다는 다른 사람의 말에 부정적으로 반응한다는 것은 그들이 믿음의 상태 안에 있다고 주장하는 것과 같다. 그들은 인본주의적 유형으로서의 믿음 역시 그 자체로 인정을 받아야 한다고 주장하는 것이다. 즉, 그들의 주장에 따르면 그들이 세속적이다 라는 사실은 그들이 믿음을 가진 사람들의 공동체로부터 배제되어야 한다는 사실을 의미하지는 않는다.

믿음의 인본주의적 유형은 다양한 형태를 가지면서 그 자체가 의미 있게 표현되고 있으며 서구 세계뿐 아니라 아시아 문화에서 광범위하게 살아 숨쉬고 있기 때문에 이것을 규명하는 것은 매우 중요한 책임이다. 만약 우리가 믿음의 종교적 유형들 즉, 존재론적 유형과 도덕적 유형들 사이에 적용했던 구분을 인본주의적 유형에 적용한다면 우리는 세속적 믿음의 존재론적 유형을 낭만적 보수주의romantic-conservative로, 세속적 믿음의 도덕적 유형을 진보적 이상주의progressive-utopian로 말할 수 있을 것이다. 여기서 '낭만적'이라는 말은 유한한 것 속에서 무한한 것을 경험함을 가리키고 이것은 자연과 역사 안에서 주어진다. 그리고 '보수적conservative'이라는 말은 낭만적이라는 말과 연계되어 있다. 낭만적 측면은 자연과 역사 안에서 하나의 형태로 존재하는 궁극적인 것들의 현시를 경험하는 것을 강조한다. 만약 어떤 사람이 꽃이 피어나는 광경과 동물이 움직이는 모습과 사람들이 독특한 개별성을 드러내는 모습과 특별한 민족과 특별한 문화와 특별환 사회 체계 속에서 거룩한 것을 발견한다면 그는 낭만적 보수주의자이다. 그에게 있어 주어진 것들은 거룩한 것들이며 궁극적 관심의 내용들이다. 이러한 종류의 믿음은 성례적 믿음과 명백한 유사성을 가진다. 인본주의적 믿음의 낭만적 보수주의적 성격은 성례적 믿음을 세속화 시킨다. 성스러운 것은 지금 여기에서 주어진다. 그리고 모든 문화적, 정치적 보수주의는 이 세속적 믿음의 유형으로부터 기인한다. 이것은 믿음이긴 하지만 믿음이 전제하고 있는 궁극적 차원을 은폐한다. 이것이 가진 취약성과 위험성은 바로 이것이 공허하게 될지도 모른다는 것이다. 역사는 이것의 취약성을 여실히 보여주었다. 세속적인 모든 문화들은 결국 공허한 상태에 놓이고 말았다. 이것은 세속적 문화들을 계속해서 자기들의 모태인 믿음의 종교적 형태 안으로 다시 가지고 들어왔다.

믿음의 도덕적 유형들

믿음의 도덕적 유형들은 율법이라는 개념을 통해 특징 지어진다. 하나님께서는 선물이자 명령으로서 율법을 주셨다. 오직 그분의 율법에 순종한 사람들만이 그분께 다가갈 수 있다. 물론 믿음의 성례적, 신비주의적 유형들에도 법칙들이 존재한다. 그리고 그 누구도 이러한 법칙들을 완전히 준수하지 않고서는 궁극적인 것에 도달할 수 없다. 하지만 믿음의 두 가지 유형들 즉, 존재론적 유형과 도덕적 유형 안에 있는 법칙들 사이에는 중요한 차이점이 존재한다. 존재론적 유형들 안에 있는 법칙은 의식적^{ritual} 방법들과 금욕적 수행들을 요구하지만 도덕적 유형들 안에 있는 법칙은 도덕적 순종을 요구한다. 물론 이러한 차이점은 절대적이지 않다. 의식적 법칙은 도덕적 조건들을 포함하고 도덕적 법칙은 존재론적 조건들을 포함한다. 하지만 여러 위대한 종교들의 발흥을 이해하기 위해서라도 이 두 법칙들의 차이점을 이해하는 것은 필요하다. 이 종교들은 존재론적 유형들 안에 있는 법칙 또는 도덕적 유형들 안에 있는 법칙을 따랐다.

우리는 믿음의 도덕적 유형들 안에서 법률적인 것들과 인습적인 것들과 윤리적인 것들을 구분할 수 있다. 법률적인 유형은 탈무드적 유대교와 이슬람교에서 가장 강력하게 발전하였다. 인습적 유형은 중국의 유교에서 가장 두드러지게 발견된다. 윤리적 유형은 유대의 선지자들에 의해 주장되었다.

이슬람교의 믿음은 모하메드^{Mohammed}가 받은 계시들에 근거한 믿음이며 이 계시는 이슬람교의 궁극적 관심이었다. 모하메드가 받은 계시들은 의식적, 사회적 법칙들을 광범위하게 언급하고 있다. 의식적 법칙들은 모든 종교들과 문화들에서 보여지고 있는 성례적 단계를 가리킨다. 사회적 법칙들은 의식적 요소들을 초월하며 '되어야 하는 것$^{what\ ought\ to\ be}$'이라는 거룩성을 창조한다. 이 법칙들은 이들의 전 생애에 배어 들었다. 그들의 근원은 궁극적 관심의 문제 즉, 모하메드의 예언에 있었다. 그들의 궁극적 관심의 내용은 모하메드가 받은 계시와 동일했다. 그 법칙은 항상 선물이자 명령으로 인식되었다. 이 법칙의 보호 아래 있을 때에만 그들의 삶은 지속되고 만족될 수 있었다. 이것은 평균적인 이슬람교 신봉자들에게 있어서 진실이다. 그리고 이러한 기초를 세속적 인본주의로 발전시키고 그리스적 재료들을 통해 그것을 더욱 크게 키운 사람들에게 있어서도 진실이다. 만약 누군가가 이슬람교를 믿는 민족들의 종교적 태도를 잘 알고 있다고 자청하면서 그들의 믿음을 그리스도 안에 있는 믿음과 상치되는 모하메드 안에 있는 믿음이라고 말한다면 우리는 그 사람에게 이렇게 대답해 주어야 할 것이다. 그들의 믿음은 이슬람교에 결정적인 영향을 미친 예언자 모하메드 안에 있는 믿음이 아니라 대부분의 사람들의 일상 생활을 결정하고 신성화한 어떤 질서 안에 있는 믿음이라고 말이다. 이 믿음에 대한 질문은 모세나 예수님이나 모하메드 안에 있는 믿음의 내용이 무엇이냐 라는 질문이 아니다. 이것은 인간의 궁극적 관심을 가장 적절하게 표현할 수 있는 사람은 누구인가 라는 질문이다. 종교들 사이의 갈등은 믿음의 유형들 사이에 있는 갈등이 아니라 궁극적 관심들의 표현들 사이에 있는 갈등이다. 이 질문은 법칙적 영역 안에서 나타난 거룩한 대상의 현시가 궁극적인 것의 현시가 맞는가 라는 질문이다. 모든 믿음의 결정들은 존재론적인 것이지 이론적인 것이 아니다.

이것은 또한 공자에 의해 집대성되고 체계가 잡힌 인습적 법칙들의 체계 안에서도 사실이다. 이 체계는 종종 비종교적인 것으로 간주되고 그것은 믿음의 성향이 적은 중국 사람들의 생활 방식에서 기인되었다고 평가되기도 한다. 하지만 이 공자에 의해 세워진 유교 안에도 믿음은 존재한다. 유교는 조상들을 숭배할 뿐 아니라(이것은 성례적인 요소이다) 무조건적인 명령의 성격을 가지고 있다. 유교는 국가와 사회적 법칙은 우주적 법칙이 현시된 것으로 생각했다. 이와 같이 유교 안에도 종교적 요소들이 깃들여 있음에도 불구하고 그들의 믿음은 세속적 기초 위에 세워진 믿음이었다. 이와 관련하여 우리는 두 가지 역사적 사실을 이해해야 한다. 유교는 세속적인 믿음의 형태를 가졌기 때문에 매우 대중적이었고 정교한 형태를 띠고 있었을 뿐 아니라 성례적이며 신비주의적인 종교적 색채를 띠고 있었던 불교와 도교와 융화할 수 없었다. 그리고 유교는 세속적인 믿음의 형태를 가졌기 때문에 유교를 신봉한 중국인들은 인본주의적 믿음의 도덕적 유형에 속해 있었던 공산주의적 믿음을 중국 땅에 성공적으로 심을 수 있었다.

세 번째로 종교적 믿음의 도덕적 유형들 중 가장 큰 영향력을 가진 형태는 구약 성경을 근간으로 하고 있는 유대교이다. 모든 믿음과 마찬가지로 이것은 폭넓은 성례적 기초를 가지고 있다. 그것은 선택 받은 민족의 개념, 하나님과 민족 사이에 맺어진 언약, 모든 성례적 활동들 속에 있었던 풍부하고 다양한 의식들에서 드러난다. 하지만 유대인들은 존재의 거룩성을 경험하기 이전에 존재의 거룩성을 경험할 수 있는 사람들이 '되어야 했다ought to be'. 유대의 선지자들과 그들의 모든 추종자들, 제사장들, 랍비들, 신학자들은 하나님께 이를 수 있는 유일한 길은 그 분의 계명에 순종하는 것이라고 가르쳤다. 그들에게 있어 이 거룩한 율법은 구약 시대에도 그랬듯이 현재에도 궁극적 관심이다. 이것은 믿음의 핵심적 내용이다. 이것은 일상 생활 안에 있는 일시적인 관심들을 계속해서 궁극적 관심으로 실현시킬 수 있는 법칙이다. 이 궁극적인 것은 항상 현재에 있어야 했으며 심지어 일상 생활의 가장 적은 활동들 속에서도 기억되어야 했다. 반면 만약 이 모든 활동들이 공평과 의의 계명인 도덕적 계명의 순종과 연합되지 못한다면 그것들은 무가치한 것들이 되었다. 이 공의의 계명에 복종하는 것은 인간과 하나님의 관계를 결정짓는 절대적인 기준이었다. 이 구약 시대의 선지주의 prophetism의 강력한 힘은 '존재being'의 척도인 '되어야 한다ought to be'라는 도덕적 요소를 무시하고 율법의 성례적 요소들만을 의지하고 싶어한 많은 백성들, 심지어 지도자들의 갈망을 계속해서 좌절시켰다. 유대교의 믿음이 가진 세계적이고 역사적인 사명은 유대교 자체뿐 아니라 다른 모든 종교들 안에 있는 성례적 자기 확신을 평가하고 비판하는 것이었다. 그리고 공의의 계명의 요구를 포함하지 않는 궁극성이라면 그 어떤 궁극성도 주장하지 못하는 그런 궁극적 관심을 전달하는 것이었다.

유대교의 이러한 영향은 기독교와 이슬람교 내뿐 아니라 서구 세계에서 발견되는 인본주의적 믿음의 진보적 이상주의에서 매우 뚜렷이 나타난다. 고대의 인본주의자들은 확실히 '되어야 한다'에 대해 잘 인식하고 있었다. 그리스의 신화와 비극시, 그리스의 지혜와 철학, 로마의 법과 금욕주의자들의 정치적 인본주의는 고대시대에 이 '되어야 한다'의 개념이 얼마나 강조되고 있었는지를 잘 보여준다. 그렇지만 존재론적 믿음의 유형은 모든 고대의 역사를 통틀어 가장 우세한 믿음의 유형으로 남아있다. 그리스 철학에서 신비주의가 승리하고 로마 제국에서 신비적 종교들이 승승장구하고 진보적이고 이상적인 사상들이 힘을 얻지 못한 것은 이것이 사실임을 잘 보여준다.

근대 인본주의, 특별히 18세기 이후의 인본주의는 기독교적 기초에 뿌리를 두고 있으며 유대인 선지자들에 의해 정교하게 만들어진 '되어야 한다'를 강조하는 경향이 있다. 하지만 이것은 진보적이고 이상적인 요소들을 가지고 시작되었다. 이것은 봉건주의적 질서와 성례적 토대들을 비판하면서 시작되었다. 이것은 정의를 요구했다. 첫 번째는 농부들을 위해서, 두 번째는 중산층bourgeois 사회를 위해서, 세 번째는 무산계급proletarian을 위해서였다. 18세기 이후 계몽운동을 위해 투쟁했던 사람들이 가진 믿음은 도덕적 유형의 인본주의적 믿음이었다. 그들은 성례적으로 신성화된 권력의 속박으로부터 자유를 얻기 위해 싸웠으며 모든 인간들의 평등을 위해 투쟁했다. 그들은 인본주의적 믿음을 소유했으며 종교적인 언어보다는 세속적인 언어를 통해 그것을 표현했다. 비록 그들은 정의와 진실이 이성과 결합될 때 더 큰 힘을 발휘할 수 있다는 사실을 믿었지만 그들의 투쟁은 믿음에 의한 것이었지 이성적 계산에 의한 것이 아니었다. 그들의 인본주의적 믿음의 역동성은 지구의 표면을 변화시켜 버렸다. 첫 번째는 서구 세계의 변화였고 두 번째는 동방 세계의 변화였다. 19세기와 20세기에 와서 도덕적 유형의 인본주의적 믿음은 무산계급의 혁명운동을 대신 떠 맡았다. 이러한 역동적인 모습은 현 시대에도 매일매일 눈으로 볼 수 있는 것이 되었다. 모든 믿음이 그런 것처럼 이 인본주의적 믿음의 이상주의 형태 역시 궁극적 관심의 상태를 가진다. 이것은 선과 악에게 자기가 가진 엄청난 능력을 부여한다. 다시 말하면 인본주의적 믿음을 분석하면서 서구 세속 세계에서 믿음이 상실되어 가고 있다는 사실을 말하는 것은 매우 우스운 일이다. 이것은 세속적인 믿음의 성격을 가지며 다른 종교의 형태들을 방어적 상태로 내몬다. 하지만 이것은 믿음이며 '불신^{unbelief}'이 아니다. 이것은 궁극적 관심의 상태이며 그 관심의 대상에게 전적으로 헌신한다.

믿음의 유형들의 연합

거룩한 것을 경험하는데 있어 존재론적인 요소와 도덕적 요소는 필수적으로 결합된다. 믿음의 삶 속에서 그것들은 반동하고 갈등하고 서로를 파괴한다. 그럼에도 불구하고 이 필수적 결합은 완전히 용해되어 없어지지 않는다. 앞에서 지적하였듯이 한 가지 믿음의 유형 안에는 항상 다른 믿음의 유형의 성격이 존재한다. 믿음의 성례적 유형 안에는 예배의 규칙들과 윤리적 적합성을 위해 의식적 법칙이 편재해 있고 정화와 준비와 복종의 요구가 존재해 있다. 반면, 도덕적 유형의 믿음의 특징을 가진 계명의 종교 안에는 매우 많은 의식적 요소들이 존재하고 있다. 이것은 우리가 분명히 목격한 바이기도 하다. 이것은 진보적이고 이상적인 요소들이 낭만적 보수주의의 유형 안에서 발견되는 인본주의적 믿음에 있어서도 마찬가지다. 진보적 이상주의의 유형은 현재의 상황을 비판하고 그것 너머로 나아가려는 전통에 기초한다.

믿음의 유형들의 상호참여는 각각의 유형들을 복잡하고 역동적이고 자기 초월적으로 만든다. 종교의 역사보다 더욱 포용적인 믿음의 역사는 각기 다른 믿음의 유형들의 일탈과의 결합을 경험했다. 이것은 믿음의 내용뿐 아니라 믿음의 행위에 있어서도 사실이다. 인간의 궁극적 관심의 표현들은 주관적, 객관적으로 이해되었으며 이것들은 무제한적인 다양성에도 불구하고 혼돈을 야기시키지 않았다. 그것들은 믿음의 역사 안에서 발전되어온 기초적인 태도들의 표현들이며 믿음의 본질의 결과들이다. 그러므로 그것들이 서로를 대적하고 서로를 향하는 운동성을 이해하고 묘사하는 것은 가능한 일이다. 그리고 그것들의 재결합이 어떤 원리에 도달할 수 있다는 사실을 보여주는 것도 가능할 뿐 아니라 필요한 일이다. 그리고 한 가지 명백한 사실은 이러한 작업을 시도하느냐 마느냐는 작업을 시도하는 사람의 궁극적 관심에 달려 있다는 것이다. 만약 그가 우연히 개신교적인 기독교 신학자가 되었다면 그는 기독교, 특별히 개신교 안에서 활발하게 움직이고 있는 믿음의 역동성의 목적을 이해하려 할 것이다. 이것은 피할 수 없는 사실이다. 왜냐하면 믿음은 개인적인 관심의 문제이기 때문이다. 동시에 그것을 시도하는 사람은 그의 결정에 대한 객관적인 이유들을 설명해야 할 것이다. 이 경우에서 '객관적objective'이란 말은 모든 믿음의 유형들 안에 동일하게 존재하는 믿음의 본질로부터 기인된 것을 의미한다. 만약 '믿음'이라는 용어가 공통적으로 사용된다는 전제가 있다면 말이다.

로마 가톨릭은 자신을 인간의 종교적, 문화적 삶의 요소들 중 가장 일탈적인 요소들을 결합시키는 체계라고 자신 있게 칭했다. 그들이 그렇게 말할 수 있었던 것의 원천은 바로 성례적 요인과 도덕적 요인, 헬레니즘의 신비주의 종교들, 개별적 신비주의, 고대 그리스의 인본주의, 고대 사회의 과학적 방법론을 결합시킨 구약 성경에 있었다. 또 다른 직접적인 원천은 바로 믿음의 유형들의 다양성을 포함하고 도덕적 요소들과 신비주의적 요소들의 결합을 표현한 신약 성경에 있었다. 이들 중에 가장 두드러진 예는 바로 성령에 대한 바울의 진술이다. 신약 성경에 의하면 믿음은 신성한 영에 의해 사로잡힌 상태이다. 성령을 통해 인간의 정신 속에는 신성한 능력이 존재하게 된다. 성령은 사랑의 영이며 정의와 진리의 영이다. 나는 이러한 성령에 대한 진술이 믿음의 역사 안에 있었던 질문들에 대한 해답이며 역동성에 대한 충족이라고 부르기를 주저하지 않는다. 하지만 이러한 대답은 의지할 만한 것이 못 되었다. 이 진술은 새로운 경험들의 등장과 상황의 변화들 속에서 계속해서 요동쳤다. 만약 기독교의 역사가 바울이 진술대로 움직여졌다면 바울의 진술은 실제로도 믿음의 질문에 대한 적절한 대답과 역동성에 대한 만족할 만한 충족으로 남았을 것이다. 하지만 가톨릭과 근본주의는 바울의 진술이 힘을 잃어 감을 인식하지 못했다. 그래서 그들은 본질적인 연합의 요소들을 상실했고 한 쪽 측면만을 강조하는 상태로 전락하고 말았다. 이것이 바로 16세기에 종교개혁이 일어나기 전과 일어나는 동안과 일어난 직후에도 계속해서 개신교가 항의를 그치지 않는 이유이다. 이것이 바로 개신교가 궁극적인 것의 궁극성이라는 이름 안에서 항상 이의를 제기해야 했던 이유이다.

모든 개신교 공동체가 가톨릭 교회를 비판했던 일반적인 이유는 가톨릭 교회가 교회의 권위적인 체계에 의해 선지자적 자기비판을 하지 않았다는 것이며 믿음의 개인적이고 도덕적인 요소보다는 성례적 요소에만 집중했다는 것이다. 가톨릭 교회는 자기들 내부에서 이 두 가지 비판 요인들이 서로 충돌하도록 만들었다. 결국 가톨릭 교회는 파괴되기 시작했다.

하지만 이러한 파괴는 로마 교회의 성례주의의 상실을 초래했다. 그 결과 개신교는 더욱 더 궁극적 관심의 도덕적 유형을 드러내기 시작했다. 이러한 과정에서 개신교는 가톨릭 교회 안에 있는 광범위한 의식적 전통들을 상실했을 뿐 아니라 성례적이고 신비주의적인 경험들 안에 존재하는 거룩한 것의 현시를 충만히 이해하는 능력도 상실해 버렸다.

바울의 진술 즉, 성령의 경험을 통해 모든 유형의 믿음들이 통합될 수 있다는 진술은 가톨릭과 개신교 모두에서 힘을 잃게 되었다. 황홀한 것과 인간, 성례적인 것과 도덕적인 것, 신비한 것과 이성적인 것이 성령을 통해 서로 통합될 수 있다는 바울의 이해는 개신교의 치우친 성향에 의해 약화되었다. 만약 기독교가 분열되어 있는 믿음의 유형들을 실제적 경험들을 통해 다시 통합할 수만 있다면 기독교는 과거에서 미래로 이어지는 믿음의 역사 안에서 믿음과 관련한 질문들에 훌륭한 답변을 해줄 수 있을 것이며 그 역동성을 충분히 표현할 수 있을 것이다.

5장 |

믿음의 진정성

믿음과 이성

우리는 다양한 상징들과 서로 대조적인 많은 믿음의 유형들을 살펴보았다. 이러한 상징들과 믿음의 유형들은 너무나 많아서 이것들이 모두 진정성을 가지고 있다는 주장은 거부되어야 할 것처럼 보인다. 그래서 우리는 지금 믿음은 진정성이란 용어를 통해 판단될 수 있는가라는 질문에 대해 논의해 보아야 한다.

이 문제를 논의하는데 있어 가장 일반적인 방법은 바로 믿음과 이성을 대조해 보는 것이다. 즉, 그것들은 서로를 배제시키기만 하는지 아니면 합리적인 방법 안에서 통합될 수도 있는지를 살펴보는 것이다. 그리고 만약 후자의 경우가 가능하다면 이성과 믿음의 요소들은 서로 어떻게 관계를 맺고 있는지도 살펴보는 것이다. 만약 믿음의 의미가 앞에서 지적한 것처럼 오해되고 있다면 믿음과 이성은 서로를 배제시키게 된다. 하지만 만약 믿음이 궁극적 관심의 상태로서 이해된다면 이성과 믿음 사이에는 아무런 갈등도 생기지 않게 된다.

하지만 이런 대답만으로는 불충분하다. 왜냐하면 인간의 영적인 삶은 하나의 통일체로서 그 속의 요소들이 서로 제각기 분리될 수 없기 때문이다. 인간의 모든 영적인 요소들은 구별적인 성격을 가지고 있으면서 동시에 서로 안에 녹아 들어 있다. 이것은 믿음과 이성에 있어서도 사실이다. 그러므로 궁극적 관심의 상태는 인간 정신의 이성적 구조와 아무런 갈등을 일으키지 않는다는 주장은 충분하지 않다. 우리는 그것들의 실제적인 관계를 규명해 주어야 한다. 즉, 한 가지 것이 다른 것 안에 어떻게 놓여져 있는지를 보여주어야 한다. 이러한 생각 하에 우리는 '이성^{reason}'이라는 용어는 언제 믿음과 대치되는가 라는 질문을 던져야 한다. 오늘날 자주 듣는 말처럼 이성은 과학적 방법과 논리적 엄밀함과 기술적 추정이라는 관점에서 이해되어야 하는가? 아니면 대부분의 서구문화 속에서 이해되어 온 것처럼 이성은 의미와 구조와 규범과 원칙의 원천이라는 관점에서 받아들여져야 하는가? 첫 번째 경우, 이성은 실체를 인식하고 통제하는 수단으로 주어진다. 그리고 믿음은 이러한 통제가 이루어지도록 지시한다. 이처럼 목적으로서가 아니라 수단으로서 주어지는 이성을 기술적 이성$^{technical\ reason}$이라고 부를 수 있다. 이러한 관점에서 이성은 모든 사람들의 일상 생활에 관심을 가지며 그 시대의 기술적 문명을 결정하는 능력을 가진다. 두 번째 경우, 이성은 인간만이 가지고 있는 것 즉, 다른 모든 존재들과 구별되는 인간성과 동일시 된다. 이것은 언어와 자유와 창조의 기초이다. 이것은 지식의 탐구, 예술의 경험, 도덕적 명령의 실현등과 연관되어 있다. 이것은 인격적 삶을 살아가게 하는 핵심이며 공동체에 참여하게 하는 원동력이다. 만약 믿음이 이성과 대치되는 것이라면 믿음은 인간을 비인간화시키는 것이 될 것이다. 이론적이고 실제적인 측면에서 이러한 결론은 종교적, 정치적 권위 체계 안에서 정당한 것으로 받아들여졌다. 믿음이 이성을 파괴하는 것이라면 그것은 자기 자신도 파괴하며 인간의 인간성도 파괴할 것이다. 인간은 이성의 구조를 가진 유일한 존재이기 때문에 궁극적인 관심을 가질 수 있으며 궁극적 관심과 일시적 관심을 구별할 수 있으며 윤리적 책임에 관한 무조건적인 명령을 이해할 수 있으며 거룩한 것의 임재를 인식할 수 있다. 만약 이성의 두 번째 의미가 옳은 것으로 전제된다면 이 모든 것들은 타당해진다. 다시 말해 이성의 첫 번째 의미 즉, 기술적 수단으로서의 이성이 아닌 이성의 두 번째 의미 즉, 정신과 실체의 의미 있는 구조로서의 이성을 전제한다면 말이다.

이성은 믿음의 전제조건이다. 믿음은 이성이 황홀적 상태에서 이성 너머의 것에 이를 때 일어나는 행위이다. 믿음과 이성은 존재의 반대편에 있으면서 동시에 상대방 속에 존재한다. 인간의 이성은 유한하다. 이것은 우주와 인간을 다룰 때 유한한 관계성 속에서 움직인다. 인간이 자신의 세계를 인식하고 자신의 세계를 만들어가는 모든 문화적 활동들은 이 이성의 유한한 성격 속에서 이루어진다. 그러므로 이것은 무한한 관심의 문제가 아니다. 하지만 이성은 자신의 유한성에 얽매여 있지 않다. 이성은 자신의 유한성을 인식하고 그 안에서 움직이지만 그것 너머로 이동하기도 한다. 어쨌든 인간은 자기 자신의 일부도 아니고 자기 자신의 어떤 능력 안에 있는 것도 아닌 무한한 것에 속하는 경험을 한다. 이 무한한 것은 그를 사로 잡는다. 바로 그 때 이것은 무한한 관심의 문제가 된다. 인간은 유한하며 인간의 이성은 일시적인 관심 안에서 움직인다. 하지만 동시에 인간은 자신의 잠재된 무한성을 인식한다. 그리고 이러한 인식은 궁극적 관심 즉, 믿음의 형태로 나타난다. 만약 이성이 이러한 궁극적 관심에 사로잡힌다면 이것은 자기 자신을 초월하는 방향으로 인도될 것이다. 하지만 이것은 이성적이기를 중단하는 것이 아니다. 궁극적 관심의 황홀적 경험은 결코 이성의 구조를 파괴하지 않는다. 황홀적 경험은 충만이 이루어지지만 이성을 부정하지는 않는다. 이러한 경험이 없이는 이성은 그 자체뿐 아니라 그것이 가지는 유한한 내용들까지 소멸시키게 될 것이다. 그리고 마침내 이성은 불합리하거나 악마적인 내용들로 가득 차게 되며 그것들로 인해 파괴될 것이다. 즉, 이성이 믿음 없는 이성을 통해 믿음에 도달하게 되면 이 이성은 악마적이고 파괴적인 믿음으로 가득 차게 된다. 두 번째 단계는 전이^{transition}의 단계이다. 모든 존재에는 본질이 있듯 영적인 삶 속에 진공상태란 있을 수 없다. 이성은 믿음의 전제이며 믿음은 이성의 성취이다.

궁극적 관심의 상태로서의 믿음은 황홀경 속에 있는 이성이다. 이성의 본질과 믿음의 본질 사이에는 갈등이 있을 수 없다. 그것들은 서로 상대방 속에 존재한다.

이 점에서 신학은 몇 가지 질문을 던질 것이다. 신학은 믿음의 본질이 인간 존재의 상태 아래에서 왜곡되지는 않았는지 하고 질문할 것이다. 예를 들어, 그전에도 지적했듯이 악마적이고 파괴적인 세력들이 믿음의 본질을 쥐고 있다면 그것은 어떻게 되겠는가? 신학은 이성의 본질이 인간의 자기 소외를 통해 왜곡되지는 않았는지 하고 질문해야 할 것이다. 결국, 신학은 믿음과 이성의 통합과 그것들의 진정한 본질이 종교가 '계시revelation'라고 부르는 것에 의해 재정립될 수 없는 것은 아닌지 하고 질문 할 것이다. 신학은 계속해서 이렇게 질문할 것이다. 왜곡된 상태에 있는 이성은 계시에 복종할 의무가 없으며 설사 계시의 내용에 복종한다 할지라도 그것은 진정한 의미의 '믿음'이 아니지 않는가? 신학에 의해 제기된 이 질문들에 대한 대답은 총체적인 신학 그 자체의 문제이다. 즉, 내가 쓰고 있는 이 책은 이 질문에 대한 약간의 기초적인 진술을 해줄 수는 있지만 본질적인 대답을 해줄 수는 없다.

우선, 우리는 인간이 진정한 본질로부터 소외된 상태에 있다는 사실을 인식해야 한다. 그래서 인간의 이성의 사용과 인간의 믿음의 성격은 본질적인 인간의 모습을 보여주는 것이 아니다. 이것은 이성의 왜곡된 사용과 맹신적 믿음 사이에 실제적인 갈등들을 야기시킨다. 하지만 만약 우리가 인간 존재의 상태 아래 있는 믿음과 이성의 실제적인 삶에 어떤 기초적인 자격을 부여하지 않는다면 믿음의 진정한 본질과 이성의 진정한 본질에 관해 의미 있는 해답을 제시할 수 없을 것이다.

이 자격부여를 통해 믿음과 이성 자체 뿐 아니라 그것들의 상호 관계 내에 있는 소외는 극복되어야 하며 그것들의 진정한 본질과 관계는 실제적인 삶 안에서 확립되어야 한다. 이러한 일이 일어나는 경험은 계시적인 경험이다. '계시'라는 용어는 제대로 사용하기가 어려운 용어이기 때문에 많은 경우에서 남용되어 왔다. 심지어 '이성'이라는 용어보다 더하게 말이다. 이성은 일반적으로 거룩한 대상에 대한 거룩한 정보로서 이해된다. 선지자들이나 사도들은 신성한 영으로부터 계시를 받아 그것을 글로 적어 성경이나 코란 또는 그 밖의 신성한 책의 저자가 되었다. 그리고 다소 불합리하고 비이성적으로 보이는 점은 이와 같은 신성한 정보를 받아들이는 것을 믿음이라고 불렀다는 것이다. 하지만 이것은 계시의 의미를 왜곡하고 있는 것이다. 우선 계시는 인간의 정신을 사로잡고 있는 궁극적 관심 안에 있는 경험이며 이러한 관심을 통해 행위와 상상력과 사상의 상징들로 표현된 공동체를 창조한다. 이와 같은 계시적 경험이 일어나는 곳이면 어디든지 믿음과 이성은 새롭게 된다. 그들의 내부적, 상호적 갈등들은 정복되고 소외는 화해로 대치된다. 이것이 바로 계시가 의미하는 바이거나 의미해야 하는 바이다. 이것은 궁극적인 것이 궁극적인 관심 안에서 명백해지는 사건이며 종교와 문화 안에 주어진 상황을 흔들고 변화시키는 일이다. 이러한 경험 안에 있을 때 믿음과 이성 사이에는 갈등이 일어나지 않는다. 이것이 바로 궁극적 관심의 계시적 명시에 의해 사로잡히고 변화되는 이성적 존재로서의 인간의 총체적 구조이다. 하지만 계시는 타락한 믿음과 이성의 상태 안에 있는 인간에게 주어진 계시이다. 물론 이 타락한 상태는 최후 심판 때 붕괴되겠지만 현재로서는 정복된 상태이지 소멸된 상태가 아니다. 과거에도 그랬듯이 이 타락한 믿음과 이성은 새로운 계시적 경험 안으로 들어간다. 그래서 맹신적인 믿음을 만들고 궁극적인 것 자체가 궁극적인 것으로 명시된 것을 혼란스럽게 만든다. 이것은 이성으로부터 이성 자신을 초월하는 성향 즉, 황홀적 능력과 궁극적인 것을 향하는 성향을 빼앗는다. 이 이중적 왜곡의 결과로 믿음과 이성의 관계는 결국 깨어진다. 이것은 믿음을 이성이 가진 일시적인 관심을 방해하는 또 다른 일시적인 관심으로 격하시킨다. 그리고 이성은 본질적으로 유한한 것임에도 불구하고 그것을 궁극적인 것으로 격상시킨다. 이러한 이중적 타락으로 인해 믿음과 이성 사이에는 새로운 갈등들이 유발되는 것이다. 그래서 그 갈등들은 새롭고 우수한 계시를 찾아 나선다. 믿음의 역사는 믿음의 왜곡과 끊임 없는 투쟁을 벌였다. 그리고 이성과의 갈등은 그 안에 있었던 가장 현저한 징후 중 하나였다. 이 투쟁의 과정에서 벌어진 가장 중요한 전투는 대 계시 사건들 great revelatory events이다. 그리고 승리한 전투는 믿음과 이성의 왜곡이 명백히 극복될 최후의 계시가 될 것이다. 기독교는 바로 이러한 계시에 기초를 두고 있어야 한다. 그리고 그것은 역사의 과정 속에서 끊임 없이 실제적인 검정을 거쳐야 한다.

믿음의 진정성과 과학적 진정성

진정한 본질 안에 있는 믿음과 이성 사이에는 갈등이 없다. 이것은 믿음과 이성의 인식적 기능 사이에는 본질적인 갈등이 없다는 주장을 포함한다. 인식과 그 형태들은 믿음과 가장 쉽게 갈등을 일으키는 인간의 이성적 기능으로서 항상 고려되어 왔다. 이것은 특별히 믿음이 지식이라는 저급한 형태로 정의되었을 때, 그리고 신성한 권위가 그것을 진정한 믿음으로 인정했다고 해서 덩달아 그것을 믿음으로 받아들일 때 더욱 그렇다. 우리는 이러한 왜곡된 믿음의 의미를 거부해 왔고 그것을 통해 가장 빈번하게 믿음과 지식 사이에 갈등을 일으키는 원인을 제거해 왔다. 하지만 우리는 여기에서 그칠 것이 아니라 믿음과 인식적 이성의 여러 가지 형태들 즉, 과학적, 역사적, 철학적 형태들 사이의 구체적인 관계까지 보여주어야 한다. 믿음의 진정성은 과학적, 역사적, 철학적인 방법으로 얻은 믿음의 진정성과는 다르다. 그럼에도 불구하고 이 모든 것들이 총동원되어 믿음의 진정성에 이르려고 노력한다면 '정말로 실재하는really rael' 감각 안에서 믿음의 진정성은 인간 정신의 인식적 기능에 의해 적합한 것으로 받아들여진다. 만약 인간의 인식적 노력이 정말로 실재하는 것은 간과하고 단지 겉으로 보이는 것만을 실재하는 것으로 받아들인다면 실수가 일어난다. 또는 인간의 인식적 노력이 정말로 실재하는 것을 발견했다 할지라도 그것을 왜곡된 방법으로 표현한다면 여기서도 실수가 일어난다. 그리고 어떤 것이 정말로 실재하는 것을 간과하는 모습이며 어떤 것이 정말로 실재하는 것을 적합하게 표현하지 못하는 모습인지를 평가하는 것은 종종 매우 어려운 일로 여겨진다. 왜냐하면 이 두 가지 형태의 실수는 상호의존적이기 때문이다. 우리가 이러한 것을 살펴보려고 노력하는 그곳에 진정성이 있는 경우도 있고, 실수가 있는 경우도 있고, 진정성과 실수 사이의 변이형태들이 다양하게 존재하는 경우도 있다. 믿음 안에 있을 때 인간의 인식적 기능은 일하기 시작한다. 그러므로 우리는 믿음 안에 있는 진정성이란 과연 무엇이며 그것을 알아낼 수 있는 기준은 무엇인지에 대해 질문해야 한다. 그리고 이것이 어떻게 다른 종류의 기준들에 의해 파악된 다른 형태의 믿음들과 관계를 맺는지에 대해서도 질문해야 한다.

과학은 우주 안에 존재하는 구조들과 관계들을 묘사하고 설명하려고 시도한다. 과학은 그것을 실험을 통해 검증하며 양적 개념들을 이용해 계산한다. 과학적 진술의 진정성은 실체를 결정짓는 구조적 법칙들에 관한 설명이 적합한가에 달려있다. 즉,

그 법칙들은 반복되는 실험에 의해 증명되어야만 진정성을 확보할 수 있다. 모든 과학적 진실은 실체를 발견하고 그것을 적절하게 표현하고 있다 할지라도 일시적인 것이며 변화할 수밖에 없는 것이다. 그렇지만 이런 불확실성이 검증되고 증명된 과학적 주장들의 진정한 가치를 감소시키는 것은 아니다. 이 불확실성은 과학의 독단주의와 절대주의를 방지하는 역할을 수행한다.

만약 신학자들이 믿음의 진정성의 입장을 강화하기 위해 모든 과학적 진술은 일시적인 성격을 가진 것이라고 비판한다면 이것은 매우 소극적인 방법으로 과학의 진정성으로부터 믿음의 진정성을 방어하는 모습일 것이다. 만약 미래에 과학이 더욱 진보하여 이와 같은 과학의 불확실성을 줄여준다면 믿음은 더욱 더 자신의 입장을 강화하기 위해 애써야 할 것이다. 하지만 이것은 품위 없을 뿐 아니라 불필요한 과정이다. 왜냐하면 과학의 진정성과 믿음의 진정성은 어차피 의미적으로 동일한 차원에 속한 것이 아니기 때문이다. 과학은 믿음을 방해할 권리와 능력이 없으며 믿음 또한 과학을 방해할 권리와 능력이 없다. 하나의 의미의 차원은 다른 의미의 차원을 방해할 수 없다.

만약 이것이 이해된다면 이전에 설명했던 믿음과 과학 사이의 갈등들은 완전히 다른 양상에 놓이게 된다. 그러면 이것은 확실히 과학과 믿음 사이의 갈등이 아니고 상대방의 정당한 차원을 인식하지 못하는 과학과 믿음 사이의 갈등이 된다. 기독교가 근대 천문학(지동설)의 태동을 지연시키고 있을 무렵, 믿음의 대표자들은 아리스토텔레스적이고 프톨레마이오스적인 천문학(천동설)을 여전히 사용하고 있었다. 그들은 기독교의 상징들이 천동설과 연합할 수 없다는 사실을 인식하지 못하고 있었던 것이다. 오직 '하늘에 계신 하나님$^{God\ in\ heaven}$', '땅에 있는 인간$^{man\ on\ earth}$', '땅 아래 있는 악마$^{demons\ below\ the\ earth}$' 라는 표현처럼 기독교의 상징들이 신성한 존재들 또는 악마적 존재들이 거주하는 장소의 개념으로 받아들여진다면 근대 천문학은 기독교의 믿음과 갈등을 일으키게 될 것이다. 한편 근대 물리학의 대표자들이 실체의 총체성을 물질의 가장 작은 입자들의 기계적 움직임 정도로 격하시켜 버린다면 정말로 실재하는 생명과 정신의 질은 부정되어 질것이다. 하지만 그것은 어떤 면에서 물리학자들이 가진 객관적인 믿음의 표현이면서 동시에 주관적인 믿음의 표현이기도 하다. 주관적인 차원에서 과학은 그들의 궁극적 관심이다. 그래서 그들은 이 궁극적 관심을 위해 그들의 모든 것, 심지어 그들의 생명까지 희생할 준비가 되어있다. 객관적 차원에서 그들은 이 궁극적 관심을 표현할 수 있는 기괴한 상징을 창조한다. 즉, 그들 자신의 과학적 열정을 포함하여 모든 것들이 무의미한 메커니즘에 의해 소모되어 버리는 하나의 우주를 창조한다. 그래서 기독교의 믿음의 상징들이 이러한 믿음의 상징들을 저항하는 것은 정당해 보인다.

과학은 오직 과학과 갈등을 일으킬 수 있다. 그리고 믿음은 오직 믿음과 갈등을 일으킬 수 있다. 과학에 머물러 있는 과학은 믿음에 머물러 있는 믿음과 갈등을 일으킬 수 없다. 이것은 생물학과 심리학과 같은 다른 과학적 연구분야에서도 역시 적용되는 사실이다. 진화론과 기독교신학 사이에 존재하는 유명한 다툼은 진정한 과학과 진정한 믿음 사이의 다툼이 아니다. 이것은 인간이 인간성을 박탈당할 수 있다는 믿음을 소유한 과학과 성경을 문자 그대로 왜곡되게 이해하는 믿음 사이의 다툼이다. 성경의 창조 이야기를 하나의 과학적 묘사로서 즉, 옛날 옛적에 일어났던 하나의 사건으로 해석하는 이론은 명백히 방법론적인 제약을 받고 있는 과학적 작업과 충돌한다. 그리고 인간이 저급한 형태의 생명체로부터 유래되었다고 믿으면서 인간 속에 있는 무한한 성격을 소멸시키고 인간과 동물 사이의 질적 차이를 무시해버린 진화론은 믿음이지 과학이 아니다.

이와 같은 고찰은 현재에도 존재하며 앞으로도 지속될 믿음과 현대 심리학 사이의 갈등 관계에도 그대로 적용되어야 한다. 현대 심리학은 영혼이라는 개념을 두렵게 생각한다. 왜냐하면 이것은 과학적 방법들을 통해 접근할 수 없는 하나의 실체이며 과학적 방법을 통해 얻은 결과를 방해하는 것처럼 보이기 때문이다. 이것은 전혀 근거 없는 두려움이 아니다. 심리학은 과학적 작업을 통해 생성된 개념이 아니고서는 그 어떤 개념도 받아들여서는 안된다. 심리학은 인간의 심리과정을 최대한 타당하게 설명하는 기능을 가져야 한다. 그리고 이러한 설명은 언제이고 더 나은 설명이 도출되면 대체될 수 있어야 한다. 이러한 심리학의 특성은 영혼, 정신, 의지 등과 같은 심리학의 전통적 개념과 자아, 초자아, 자아, 성격, 무의식, 마음과 같은 심리학의 현대적 개념 모두에게 있어서 진실이다. 다른 모든 과학들이 그런 것처럼 방법적 심리학은 새로운 과학적 증명을 통해 변화한다. 모든 심리학적 개념들과 정의들은 현재로서 가장 타당한 것들이라 할지라도 본질적으로 일시적인 것에 불과하다.

믿음이 인간은 영혼을 소유하고 영혼을 얻거나 잃는다는 식의 궁극적 차원의 언어를 말한다 할지라도 또는 영혼이라는 존재가 가지는 궁극적인 의미를 말한다 할지라도 그것이 영혼의 개념에 대한 과학적 거부를 막을 수는 없다. 이와 같이 만약 심리학이 인간은 영혼을 소유할 수 없다고 진술할지라도 그 진술은 거부될 수 없다. 반면 만약 심리학이 인간은 영혼을 소유할 수 있다고 진술할지라도 그 진술은 확신될 수 없다. 인간이 영원한 존재라는 의미의 진정성은 타당한 심리학적 개념 안에 있는 것이 아니라 다른 차원 안에 있는 것이다. 현대 정신분석학 또는 심층심리학은 믿음의 신학적 표현과 여러 가지 면에서 많은 갈등을 일으키고 있다. 심층심리학의 진술들 속에서 인간의 본질과 운명에 대한 주장들 즉, 확실한 믿음의 표현들과 다소 증명된 관찰들과 가설들을 구별해내는 것은 많이 어려운 일이 아니다. 하지만 항상 쉬운 일도 아니다. 19세기와 20세기에 걸쳐 프로이트가 수행해온 자연주의적 요소들, 즉, 사랑에 관한 기본적 엄격주의, 문화에 관한 염세주의, 종교를 관념적 심상으로 격하시킨 것은 모두 믿음의 표현들이지 과학적 분석의 결과들이 아니다. 우리는 인간과 인간의 상태를 연구하고 그로부터 얻은 어떤 믿음의 요소들을 소개하는 학자들을 거부할 필요는 없다. 하지만 만약 그들이 프로이트와 그의 많은 추종자들이 그랬던 것처럼 과학적 심리학이라는 이름으로 다른 믿음의 형태들을 공격한다면 그들은 차원들을 교란시키고 있는 것이다. 이 경우, 다른 형태의 믿음을 표방하는 사람들이 그들의 공격에 저항하는 것은 정당화된다. 심리학적 주장 속에서 과학적 가설의 요소들과 믿음의 요소들을 구별하는 것은 항상 쉬운 일이 아니다. 하지만 이것은 가능한 일이며 자주 필요한 일이다.

믿음의 진정성과 과학의 진정성을 구별하는 행위는 하나의 경고를 야기시킨다. 특별히 신학자들에게 말이다. 신학자들은 최근의 과학적 발견을 믿음의 진정성을 확인시키는 도구로 이용해서는 안된다. 미시적 물리학은 우주의 넓이를 계산할 수 있다는 어떤 과학적 가설들의 효력을 약화시켰다. 양자이론과 불확실성 원리가 바로 여기에 속한다. 종교적 저자들은 바로 이러한 통찰력들을 도용해 인간의 자유, 거룩한 창조, 기적들의 개념과 같은 자기들의 사상들을 확신시키려 한다. 하지만 이것은 물리학적인 관점에서도 종교적인 관점에서도 정당성을 부여 받아서는 안될 행위이다. 물리학적 이론들은 인간의 자유라는 무한히 복잡한 현상과 직접적인 관계가 없을 뿐 아니라 기적들의 의미와 직접적으로 무관한 양자 속에 있는 힘의 발산과도 직접적인 관계가 없다. 만약 신학이 물리학의 이론들을 이러한 방법으로 이용하고 있다면 신학은 과학의 차원과 믿음의 차원을 혼동하고 있는 것이다. 믿음의 진정성은 최근에 발견된 물리학적, 생물학적 또는 심리학적 발견들에 의해 확인될 수 없다. 믿음의 진정성이 그것들에 의해 거부될 수 없는 것처럼 말이다.

믿음의 진정성과 역사적 진정성

역사적 진정성은 과학적 진정성과 매우 다른 성격을 지녔다. 역사는 실제로 일어난 유일한 사건들에 대한 기록이지 계속해서 검증되어야 하는 반복적인 과정들의 기록이 아니다. 역사적 사건들은 실험을 통해 얻어진 것이 아니다. 역사와 물리적 실험 사이의 유일한 유사점은 바로 두 가지 모두 문서의 비교작업을 거쳐야 한다는 것이다. 만약 독립적으로 존재하는 역사적 원시문서가 진품으로 받아들여진다면 역사적 주장은 그 자체의 한계에도 불구하고 증명 과정을 거친 것이다. 하지만 역사는 단지 일련의 사실들만을 증명해서는 안된다. 그것은 또한 그 사실들 속에 있는 본질과 관계성과 의미들을 통해 그 사실들을 이해해야 한다. 역사는 묘사하고 설명하고 이해한다. 이것이 바로 역사적 진정성과 과학적 진정성 사이에 있는 차이점이다. 역사적 진정성을 파악하기 위해 해석되는 대상은 독립적으로 존재하는 과학적 진정성과 연루된다. 믿음의 진정성은 총체적인 연루를 의미하기 때문에 역사적 진정성은 종종 믿음의 진정성과 비슷한 것으로 인식되어 왔다. 이와 같은 두 진정성 사이의 동질화는 믿음의 진정성에 대한 역사적 진정성의 완전한 의존으로부터 초래되었다. 이와 같은 상황은 미심쩍은 역사적 진술이라 할지라도 믿음만 있으면 그것의 진정성은 보장 받을 수 있다는 주장을 야기해왔다. 하지만 이러한 주장을 하는 사람들은 진정한 역사적 사실이라 할지라도 물리학적 내지는 생물학적 과정 안에 있는 관찰 과정만큼이나 독립적이고 통제된 관찰 과정을 거쳐야 함을 간과하고 있다. 우선 역사적 진정성은 사실적 진정성이다. 그래서 이것은 서사시 같은 것에서 볼 수 있는 시적 진정성 또는 전설 같은 것에서 볼 수 있는 신화적 진정성과 구별된다. 이러한 차이점은 믿음의 진정성과 역사적 진정성 사이의 관계를 파악하는데 있어 매우 중요하다. 믿음은 사실적 진정성을 보장해줄 수 없다. 하지만 믿음은 인간의 궁극적 관심이라는 차원에서 사실들의 의미를 해석할 수 있고 또한 해석해야 한다. 그렇게 함으로써 역사적 진정성은 믿음의 진정성으로 이동할 수 있다.

이러한 문제는 대중적이고 신학적인 사상들 속에서 더욱 두드러지게 나타난다. 왜냐하면 역사적 연구는 문자적 성격을 가지고 있는 성경의 저작들에게 관심을 집중하고 있기 때문이다. 이것은 구약과 신약 성경의 이야기 부분들은 역사적이고 전설적이고 신화적인 요소들과 결합되어 있다는 사실을 보여준다. 하지만 이러한 요소들에도 불구하고 많은 경우에서 성경의 역사가 사실일 가능성을 증명해내는 것은 불가능해 보인다. 역사적 연구는 단지 존재했을 것이라고 추정되는 예수가 아니라 그리스도라고 불렸던 성경 속에 나타난 예수의 진정성을 완벽하게 보여줄 수 있는 역사적 사건들에 도달하는 것은 불가능하다고 명백히 말한다. 역사적 연구는 비기독교적 종교가 가지고 있는 거룩한 경전들과 전설적인 사건들의 진정성을 밝히는 데에도 이와 동일한 불가능성이 존재한다고 주장한다. 믿음의 진정성은 역사적 진정성 즉, 믿음이 표현되어 있는 이야기들이나 전설들의 진의가 증명되는 역사적 진정성에 의존될 수 없다. 성경의 이야기들이 역사적 타당성을 가진다는 신념과 믿음을 동일시하는 것은 믿음의 의미를 지독하게 왜곡하는 행위이다. 하지만 이런 불합리한 생각은 정도의 차이가 있긴 하지만 많은 경우에서 존재한다. 사람들은 신약 성경에 나타난 기적 이야기들을 믿을 만한 기록으로 여기지 않는다는 이유로 자기 자신들이나 다른 사람들을 기독교적 믿음을 소유하지 못한 사람들로 간주한다. 물론 성경의 이야기들이 정말 일어났던 일인지 아니면 일어나지 않았던 일인지는 모든 견고한 문헌학적, 역사적 방법들을 동원해 연구되어야 할 필요성은 있다. 하지만 성경의 이야기들을 사실로 믿거나 믿지 않기로 결정하는 것은 믿음의 진정성과는 상관이 없다. 현대어로 번역되어 있는 이슬람교의 코란이

원문과 동일할 것이라고 믿기로 결정하는 것은 믿음의 문제와는 상관이 없다. 물론 모하메드의 신봉자들 대부분은 그것에 대해 열렬한 신념을 가지고 있겠지만 말이다. 또한 모세오경의 내용들 중 많은 부분이 바벨론 유수 이후 시기에 쓰여졌으며 창세기는 실제 역사보다 더 많은 신성한 신화들과 전설들을 기록하고 있다고 믿기로 결정하는 것은 믿음의 문제와는 상관이 없다. 또한 구약 성경과 신약 성경의 맨 마지막 책들에서 예언하고 있는 내용 즉, 우주의 최후 심판은 페르시아 종교로부터 도용된 내용으로 상상에 불과한 것이라고 믿기로 결정하는 것은 믿음의 문제와는 상관이 없다. 또한 많은 전설적이고 신화적이고 역사적인 성경의 내용들은 그리스도의 탄생과 부활 이야기를 보충하기 위한 결합체라고 믿기로 결정하는 것은 믿음의 문제와는 상관이 없다. 초대 교회에 대한 문헌들이 정말 믿을 수 있는 기록들이라고 믿기로 결정하는 것은 믿음의 문제와는 상관이 없다. 물론 이 모든 역사적인 일들이 사실인지 아닌지는 개인의 판단과 의사에 의해 결정되기 전에 먼저 역사적 연구를 통해 어느 정도 파악되어야 하겠지만 말이다. 결론적으로 말해 이 모든 것들은 믿음의 진정성이 아닌 역사적 진정성에 대한 질문들이다. 믿음은 역사 속에서 어떤 궁극적 관심이 일어났는가에 대해 말할 수 있다. 왜냐하면 궁극적 관심에 대한 질문은 역사적 사건의 존재뿐 아니라 의미까지를 포함하고 있기 때문이다. 믿음은 하나님께서 모세에게 주신 율법 즉, 구약 시대의 율법은 그것에 의해 사로잡혀 있는 사람들에게 있어서는 무조건적인 효력을 가진다고 말할 수 있다. 역사적 연구를 통해 그것이 하나님께서 모세에게 주신 율법이라는 사실을 얼마나 정확하게 증명할 수 있는가를 떠나서 말이다. 믿음은 신약 성경에 묘사되어 있는 예수는 그분께 사로잡혀 있는 사람들에게 있어서는 즉, 그분의 구원하시는 능력에 사로잡혀 있는 사람들에게 있어서는 증명될 수 있는 하나의 실체라고 말할 수 있다. 역사적 연구를 통해 나사렛 예수가 구원자라는 사실을 얼마나 정확하게 증명할 수 있는가를 떠나서 말이다.

믿음은 자신의 근원에 대해 확신할 수 있다. 그것이 모세의 율법이든, 그리스도로서의 예수이든, 선지자 모하메드이든, 교화하는 부처이든 말이다. 하지만 믿음은 궁극적 관심의 대상이 역사적으로 행한 일들에 대한 사실성은 확신할 수 없다. 믿음은 믿음을 가진 사람들을 위해 자신의 근원에 대해 확신할 수 있다. 예를 들어 역사를 변화시켜왔던 역사 속 사건이라는 말처럼 말이다. 하지만 믿음은 이 사건이 일어났던 정황에 대한 역사적 지식을 포함하지 않는다. 그러므로 믿음은 역사적 연구에 의해 흔들릴 수 없다. 심지어 그 연구가 역사적 기록이 틀릴 가능성이 높다는 결론을 도출했다 할지라도 말이다. 이와 같은 역사적 진정성의 독립성은 궁극적 관심으로서의 믿음을 이해하는데 있어 가장 중요한 핵심들 중 하나이다. 이것은 논리적으로 사고하라는 학문적 요구가 믿음을 가진 사람들의 의식을 형성한 후부터 그들이 결코 수행할 수 없었던 것을 가능하게 한다. 그렇다고 만약 이런 논리적 사고가 소위 '믿음의 순종obedience of faith'이라는 것과 필연적인 갈등을 가진다면 하나님께서는 스스로를 넘어뜨리게 하시는 분 또는 악마적인 특성을 가지신 분으로 비춰질 것이다. 그리고 대상에 대한 관심은 궁극적 관심이 되는 것이 아니라 두 개의 제한된 관심들의 갈등이 될 것이다. 이러한 믿음은 앞에서 분석했듯이 맹신적 믿음이다.

믿음의 진정성과 철학적 진정성

과학적 진정성과 역사적 진정성 모두 믿음의 진정성을 확신하거나 부정하지 못한다. 또한 믿음의 진정성은 과학적 진정성과 역사적 진정성 모두를 확신하거나 부정하지 못한다. 여기서 한 가지 의문이 생기는데 그것은 철학적 진정성 역시 과학적 진정성과 역사적 진정성과 마찬가지로 믿음의 진정성을 확신하거나 부정하지 못하는 위치에 있는가 아니면 그것들과는 다른 더욱 복잡한 위치에 있는가 라는 것이다. 그리고 만약 후자의 말이 옳다면 더욱 복잡한 위치에 있다는 것은 무슨 의미인가? 철학적 진정성과 믿음의 진정성 사이의 관계의 복잡성은 과학적 진정성과 역사적 진정성 사이의 관계를 앞에서 분석했던 것보다 더욱 복잡하게 만든다. 바로 여기에 왜 철학과 믿음 사이의 관계를 놓고 수없이 많은 토론이 벌어지고 있고 왜 철학은 믿음의 적이며 파괴자라는 의견이 팽배해 있는지에 대한 이유가 있다. 심지어 종교적 공동체의 믿음을 표현하기 위해 철학적 개념들을 이용해 온 신학자들조차 철학을 믿음의 배신자라고 비난해왔던 것처럼 말이다.

이와 같이 철학에 관한 모든 논의가 어려운 이유는 바로 모든 철학적 정의는 그 정의를 말하고 있는 철학자 자신의 관점에서 표현된 것이기 때문이다. 그럼에도 불구하고 철학의 의미에 대한 선험 철학적pre-philosophical 종류의 합의들이 있다. 그리고 이와 같은 논의 중에 현재를 살아가는 존재로서 우리가 유일하게 할 수 있는 일은 철학이란 무엇인가에 대한 이러한 선험 철학적 관념을 이용하는 것뿐이다. 이러한 관점 안에서 철학은 실체의 본질과 인간의 존재에 관한 가장 일반적인 질문들에 대해 대답하려고 애쓰게 될 것이다. 이 가장 일반적인 질문들은 실체의 특정한 영역(물리적 또는 역사적 영역으로서)의 본질에 대해서 질문하는 것이 아니라 모든 영역들에서 유효한 실체의 일반적인 본질에 대해서 질문한다. 철학은 존재가 존재되고 있는 일반적인 영역들을 발견하려고 애쓴다.

이러한 철학적 관념이 전제된다면 믿음의 진정성에 대한 철학적 진정성의 관계는 결정될 수 있다. 철학적 진정성은 존재의 구조에 관한 진정성이다. 믿음의 진정성은 인간의 궁극적 관심에 관한 진정성이다. 이러한 관점에서 볼 때 이 두 가지 사이의 관계는 마치 믿음의 진정성과 과학적 진정성 사이의 관계처럼 보인다. 하지만 이것은 철학적 질문의 궁극성과 종교적 관심의 궁극성이 동일하다는 점에서 믿음의 진정성과 과학적 진정성 사이의 관계와는 다르다. 철학적 질문의 궁극성과 종교적 관심의 궁극성 안에서 궁극적 실체는 추구되고 표현된다. 철학에 있어서는 개념적으로, 종교에 있어서는 상징적으로 말이다. 철학적 진정성은 궁극적인 것에 관하여 진정한 개념들을 구성하고 믿음의 진정성은 궁극적인 것에 관하여 진정한 상징들을 구성한다. 이제 우리에게 직면한 문제는 이 두 가지 것들의 관계를 다루는 것이다.

여기서 한 가지 질문이 제기될 수 있다. 철학과 믿음은 동일한 궁극성을 표현하려고 애쓰고 있는데 왜 철학은 개념들을 이용하고 믿음은 상징들을 이용 하는가? 여기에 대한 대답은 궁극적인 것과 철학 사이의 관계와 궁극적인 것과 믿음 사이의 관계가 같지 않다는 것에 있다. 궁극적인 것과 철학 사이의 관계는 궁극적인 것이 자기 자신을 명시하고 있는 기초적 구조를 독립적으로 서술한다는 원리 안에 있다. 궁극적인 것과 믿음 사이의 관계는 궁극적인 것의 의미가 믿음을 가진 사람에 의해 관심으로 표현된다는 원리 안에 있다. 이 두 가지는 명백하고 근본적인 차이점을 가지고 있다. 하지만 '원리 안에in principle'라는 말이 암시하듯이 철학이 실제적인 생명력 안에 있고 믿음이 실제적인 생명력 안에 있을 때 이러한 차이점은 유지되지 않는다. 아니, 이것은 유지될 수 없다. 왜냐하면 철학자는 궁극적 관심을 가지고 있는 인간이기 때문이다. 그가 궁극적 관심을 드러내고 있든 숨기고 있든 간에 말이다. 그리고 믿음을 가진 사람 역시 사고의 능력을 가진 존재이며 개념적인 이해가 필요한 존재이기 때문이다. 이것은 철학자 안에는 철학적 생명력이 있고 믿음을 가진 사람 안에는 믿음의 생명력이 있다는 결론을 얻게 한다.

모든 종류의 철학적 학설들과 평론들 또는 단편들의 분석을 보면 철학자들은 어떤 질문을 던지고 이에 대해 특별한 유형들의 대답을 하는데 그들의 대답은 인식적 고려뿐 아니라 궁극적 관심의 상태로부터 결정된다. 역사상 존재했던 가장 탁월한 철학자들은 위대한 사고력을 가지고 있었을 뿐 아니라 그들이 표명하고자 했던 궁극적 대상의 의미에 대해 가장 열정적인 관심을 가지고 있었다. 이것은 인도와 그리스 철학자들뿐 아니라 라이프니츠Leibnitz와 스피노자Spinoza로부터 칸트Kant와 헤겔Hegel에 이르는 근대 철학자들에게 있어서도 거의 예외가 없는 사실이었다. 만약 어떤 사람이 로크Locke와 흄Hume으로부터 오늘날의 논리 실증주의 철학자들에 이르는 실증주의 계열의 철학자들은 이러한 통례에서 제외되어야 한다고 생각한다면 그들은 한 가지 사실을 간과하고 있는 것이다. 이 철학자들이 지식을 분석하기 위해 자기 자신에게 어떤 제한을 가했던 것과 특별히 오늘날에 와서 과학적 지식을 언어적 수단들을 통해 분석하려고 했던 것에는 자기들만의 지식 체계를 세워야 한다는 특별한 이유와 책임이 있었던 것이다. 이것은 매우 높이 살만한 노력이기에 분명 위에서 설명한 통례에 포함되어야 한다. 하지만 실증주의는 전통적인 관점에서 볼 때 철학이라고 볼 수 없다.

진정한 의미에서 철학은 궁극적 관심의 대상에 대한 열정을 가진 사람에 의해 수행되어야 한다. 그리고 그 열정은 궁극적 실체가 보편적인 과정들을 통해 자기 자신을 증명할 수 있는 방법적 관찰, 즉, 분명하고 독립적인 방법적 관찰과 결합되어야 한다. 이것이 바로 철학적 관념 이면에 존재하면서 철학적 관념들 속에 믿음의 진정성을 부여해 주는 궁극적 관심의 요소이다. 천지만물의 영역과 인간의 범주에 대한 철학적 관념들의 비전이 궁극적 관심 안에 있으면 믿음과 개념적 작업은 하나로 연합된다. 철학은 과학과 역사를 탄생시킨 어머니의 자궁만이 아니다. 이것은 또한 실제적인 과학적, 역사적 작업 안에서 영원히 현재하는 요소이다. 과거뿐 아니라 현재에서 위대한 물리학자들이 우주를 탐구하는데 있어 선호하는 방법은 다분히 철학적이다. 그들의 실제적인 연구자료만을 보아도 그것은 사실로 증명된다. 물리학적 결과들 중 철학적인 방법들을 통해 얻어진 것이 아닌 것은 아무것도 없다. 존재의 총체는 항상 의식적인 방법 내지는 무의식적 방법으로 자신의 사상의 틀을 만들어간다. 그래서 과학적인 관점으로 살펴 본 실체라 할지라도 그 속에는 믿음의 요소들이 활동할 수 있다.

과학자들은 당연히 이러한 믿음의 요소들과 철학적 진정성이 그들의 실제적 연구를 방해하지 못하도록 방어할 것이다. 그리고 이것은 광범위한 차원에서 볼 때 가능한 일이다. 하지만 심지어 이런 것들을 가장 훌륭하게 방어하고 있는 실험이라 할지라도 절대적으로 '순수한pure' 상태에 놓일 수는 없다. 왜냐하면 이러한 실험은 관찰자 자신이라는 요소와 이 실험의 본질에 대한 질문을 결정하는 관심이라는 요소가 연구를 방해하는 요소임에도 불구하고 결코 그것을 배제시키지 못하기 때문이다. 우리가 철학자들 대해 말했던 내용들은 과학자들에게도 동일하게 적용되어야 한다. 비록 과학자는 과학적인 방법을 통해 실험을 하지만 그가 한 인간으로서 궁극적 관심에 사로잡히게 되면 그는 실험 중에도 철학자들의 모습처럼 우주에 대해 질문하게 된다.

이와 마찬가지로 역사학자들 역시 의식적 내지는 무의식적 측면에서 볼 때 철학자들과 같다. 역사학자들은 역사적 사실들을 밝히는 것뿐 아니라 그 이면의 것들 즉, 역사적 사실들을 평가할 수 있는 요소들, 특별히 인간의 본질, 인간의 자유, 인간의 결정, 인간의 자연 개발 능력 등까지를 고려한다. 이것은 매우 명백한 사실이다. 그리고 역사적 사실들을 밝히는 행위 안에는 철학적 전제들이 연루된다. 이것은 앞에서 설명한 것만큼 명백한 것은 아니지만 하나의 사실로 받아들여져야 한다. 특별히 무한히 지속되는 시간이라는 작은 순간의 입자들 속에서 일어나는 무한히 많은 사건들 중 어떤 사건들이 역사적으로 의미 있는 사건들로 선정되어야 하는지를 결정하는 측면에서 볼 때 이것은 매우 중요하다. 역사학자는 역사적 사실의 근원들을 평가해야 하고 그것들의 신뢰성을 검증해야 할 뿐 아니라 인간의 본질까지도 해석해야 한다는 압박과 책임감을 느끼게 된다. 결국 어느 시점에서 역사학자는 인간이라는 존재들 사이에서 일어났던 역사적 사건들의 의미에 관해 명백하게든, 암묵적으로든 어떤 주장을 제시해야 한다. 즉, 역사학자들에게 철학적 전제는 명백히 존재한다. 철학이 존재하는 곳에는 항상 궁극적 관심에 대한 표현이 존재한다. 그래서 역사학 속에는 믿음의 요소들이 포함되어 있다. 물론 역사적인 사건들만을 순수하게 전달하고자 하는 역사학자들의 열정 때문에 믿음의 요소들이 역사학 속에 숨겨져 있을 경우가 많기는 하다.

이 모든 논의들을 고찰할 때, 철학적 진정성과 모든 철학 속에 존재하는 믿음의 진정성 사이에는 본질적인 차이점이 있기는 하지만 그것들은 실제적으로 연합될 수 있다. 그리고 이러한 연합은 과학자들과 역사학자들의 작업에 매우 중요한 영향을 끼친다. 이러한 연합은 소위 '철학적 믿음philosophical faith'이라고 불려왔다. 하지만 이 용어는 오용된 표현이다. 왜냐하면 이것은 철학적 진정성과 믿음의 진정성 이라는 두 가지 요소에 대한 혼란을 초래하고 있는 것처럼 보이기 때문이다. 더욱이 이것은 철학적 믿음이 오직 '영원의 철학philosophia perennis'이라고 불리는 한 가지 밖에 존재하지 않는 것처럼 보이게 한다. 철학적 질문은 영원히 계속되며 그에 대한 해답은 한 가지만이 아니다. 철학적 요소들과 믿음의 요소들의 해석 과정은 끊임 없이 계속된다. 철학적 믿음은 오직 한 가지만이 아니다.

철학적 진정성 안에는 믿음의 진정성이 존재한다. 그리고 믿음의 진정성 안에는 철학적 진성성이 존재한다. 후자의 경우를 이해하기 위해 우리는 철학적 진정성의 개념적 표현과 믿음의 진정성의 상징적 표현을 서로 대면시켜 보아야 한다. 어떤 사람은 이렇게 말할지도 모른다. 대부분의 철학적 개념들은 신화적 원형을 가졌고 대부분의 신화적 상징들은 철학적 의식이 생기자마자 밝힐 수 있고 밝혀져야 하는 개념적 요소들을 가졌다고 말이다. 하나님이라는 관념 안에는 존재와 생명과 영과 단일성과 다양성이라는 요소들이 암묵적으로 포함되어 있다.

창조라는 상징 안에는 유한성과 염려와 자유와 시간이라는 요소들이 암묵적으로 포함되어 있다. '아담의 타락$^{\text{fall of Adam}}$'이라는 상징은 인간의 본질적인 특성과 인간의 자기 자신에 대한 갈등과 인간의 자기 자신으로부터의 소외라는 개념을 암시하고 있다. 왜냐하면 모든 종교적 상징들은 개념적 잠재성을 가짐으로 인해 '신학'을 가능하게 하기 때문이다. 모든 믿음의 상징들에는 암시된 철학들이 존재한다. 하지만 믿음은 철학적 사상들의 움직임을 결정하지 않는다. 마치 철학이 인간의 궁극적 관심의 성격을 결정하지 않는 것과 같다. 믿음의 상징들은 철학자들로 하여금 지금까지 인식해 오지 못했던 우주의 본질을 인식할 수 있는 시야를 열어준다. 비록 교회들과 신학들은 플라톤, 아리스토텔레스, 칸트, 흄과 같은 철학자들의 철학을 주장하고 이용해 왔지만 믿음은 확정된 철학을 명령하지 않는다. 믿음의 상징들에 대한 철학적 암시들은 많은 방법으로 개발될 수 있다. 하지만 믿음의 진정성과 철학적 진정성은 서로를 지배할 권리를 가지고 있지 않다.

믿음의 진정성과 그 기준

만약 믿음의 진정성이 여타 다른 진정성들 즉, 과학적, 역사적, 철학적 진정성들에 의해 판정될 수 없다면 이것을 판정해 줄 수 있는 것은 도대체 무엇인가? 그에 대한 해답은 궁극적 관심의 상태라는 믿음의 본질로부터 찾을 수 있다. 관심 그 자체라는 믿음의 개념은 주관적 측면의 의미와 객관적 측면의 의미를 가진다. 믿음의 진정성은 이 두 가지 측면의 의미가 모두 고려되어야 한다. 주관적 의미의 측면에서, 만약 믿음이 궁극적 관심을 적합하게 표현하고 있다면 이것은 진정한 것이다. 객관적 의미의 측면에서, 만약 믿음의 내용이 정말 궁극적이라면 이것은 진정한 것이다. 첫 번째 대답은 모든 진정한 믿음의 상징들과 유형들 안에서 믿음을 인식한다. 이것은 종교의 역사를 정당화한다. 이것은 종교의 역사를 인간의 궁극적 관심의 역사로, 많은 장소에서 많은 방법으로 명시되었던 거룩한 것에 대한 인간의 반응의 역사로 이해되게 만든다. 두 번째 대답은 종교의 역사는 거절의 표현에 의해서가 아닌 '그렇기도 하고 아니기도 하다$^{yes\ and\ no}$'는 표현에 의해 판단된 궁극적 기준을 가지고 있었다는 점을 지적한다.

믿음은 궁극적 관심을 적합하게 표현하는 한 진정성을 가진다. 여기서 표현의 '적합성^{Adequacy}'이란 궁극적 관심을 표현하는 능력 즉, 대답과 행동과 상호이해를 창조하는 능력을 의미한다. 상징들은 살아 움직이면서 이 모든 것들을 가능하게 한다. 하지만 상징들의 생명은 한계를 가진다. 인간과 궁극적인 것 사이의 관계는 변화를 겪게 된다. 궁극적 관심의 내용들은 사라지거나 다른 것들로 대체된다. 거룩한 존재는 대답을 창조하기를 그친다. 이것은 공통적인 상징이 되기를 그치고 행동할 수 있는 능력을 상실한다. 상징들은 과거 어떤 기간들 동안, 또는 어떤 집단들에서 믿음의 진정성을 표현했지만 현재에서는 더 이상 그것을 표현하지 못할 수 있다. 즉, 상징들은 자신의 진정성을 상실할 수 있다. 그렇다면 이렇게 사라져 버린 상징들은 다시 되살아 날 수 있는가? 아마도 어떤 사람은 그것이 불가능하다고 말할 것이고 어떤 사람은 가능하다고 말할 것이다. 만약 우리가 우리 시대를 포함해서 이러한 관점으로 믿음의 역사를 바라본다면 믿음의 진정성의 기준은 살아 움직이는 것이 될 수도 있고 그렇지 않은 것이 될 수도 있다. 그래서 과학적 관점으로 볼 때 이러한 종류의 기준은 정확한 기준이라고 말할 수 없다.

만약 과거에 어떤 상징이 분명히 죽어 있었다면 그것은 믿음의 진정성의 기준으로 받아들여질 수 없었을 것이다. 하지만 현재에 와서 그것이 사람들로부터 받아들여지게 되었다면 그것은 믿음의 진정성의 기준으로 받아들여질 수 있게 될 것이다. 즉, 상징은 휴면상태에 있다가도 다시 깨어날 수 있다.

믿음의 상징의 진정성을 판단하는 또 다른 기준은 상징이 정말로 궁극적인 것을 표현하고 있는가 라는 것이다. 다시 말해 이것은 정말로 우상숭배가 아닌가 하는 것이다. 이러한 기준의 빛을 비출 때 총체로서의 믿음의 역사는 판단 아래에 놓이게 된다. 모든 믿음의 취약성은 그것이 쉽게 우상숭배화된다는 것이다. 칼빈이 말했듯이 인간은 계속 가동되고 있는 우상들의 공장이다. 이것은 모든 유형의 믿음에 있어서 사실이다. 그래서 만약 개신교가 다른 유형들의 믿음과 결합된다면 그것은 우상숭배적 왜곡에 개방성을 드러낸 것이 된다. 한편 개신교는 다른 유형의 믿음을 판단할 때 사용하는 기준을 자기 자신에게도 적용시켜야 한다. 모든 유형의 믿음은 자기가 가지고 있는 구체적인 상징들을 절대적인 유효성을 가진 것으로 격상시키는 경향이 있다. 그래서 믿음의 진정성을 판별하는 기준은 자기 인식의 요소를 포함해야 한다. 믿음의 상징은 궁극적인 것을 가장 적합하게 표현해야 할 뿐 아니라 자기의 부족한 궁극성 또한 가장 적합하게 표현해야 한다.

기독교는 다른 모든 종교와는 대조적으로 이러한 상징들 안에서 즉, 그리스도의 십자가 안에서 자기 자신을 표현한다. 만약 예수님께서 당신 자신을 희생하지 않고도 그리스도가 되려고 하셨다면 그 예수님은 진정한 그리스도가 아닐 것이다. 그리고 만약 우리가 십자가에 달리신 그리스도를 받아들이지 않고도 그리스도를 받아들였다고 말한다면 우리는 우상숭배의 한 형태를 보여주고 있는 것이다. 기독교의 궁극적 관심은 예수님이 아니라 십자가에 달림으로써 그리스도임을 증명하신 예수님이시다. 기독교의 핵심적인 상징을 창조한 십자가 사건은 기독교뿐 아니라 다른 종교들의 진정성을 판단할 수 있는 기준을 제공했다. 절대 오류가 있을 수 없는 믿음의 진정성 즉, 궁극적인 것 그 자체가 무조건적으로 증명하고 있는 것은 그 어떤 믿음의 진정성도 '그렇다' 나 '아니다' 라는 판단을 받게 만든다.

이러한 기준에 의해 개신교는 가톨릭 교회를 비판했다. 종교개혁 기간 동안 교회가 분열된 것은 공식화된 교리들에 대한 반발 때문이 아니었다. 그것은 바로 그 어떤 교회라 할지라도 궁극적인 자리에 놓일 권리가 없다는 원리의 재발견 때문이었다. 믿음의 진정성은 바로 궁극적인 것에 의해 판단된다. 이런 방법으로 생각할 때, 개신교의 성경연구를 통해 파악된 성경의 문헌들은 믿음의 진정성 차원에서 다양한 수준을 가지고 있다. 즉, 성경은 절대 오류가 있을 수 없는 믿음의 진정성을 포함하고 있다고 볼 수 없다. 그리고 이러한 기준은 종교와 문화의 전 역사에서 동일하게 적용되는 기준이어야 한다. 이 기준은 긍정^{yes} 을 포함한다. 이것은 믿음의 진정성을 가진 것이라면 그것이 역사 안에서 무슨 형태로 나타났던 간에 그것을 거부하지 않는다. 그리고 이것은 부정No을 포함한다. 이것은 궁극적인 것이라 할지라도 그것이 아무도 소유할 수 없는 것이라면 그것을 받아들이지 않는다. 이러한 기준은 개신교의 원리와도 동일하다. 그리고 그것은 개신교의 우월성을 창조한 그리스도의 십자가 안에서 하나의 실체가 되었다.

6장

믿음의 삶

PAUL TILLICH
DYNAMICS OF FAITH

믿음과 용기

앞 장들에서 설명한 믿음에 대한 모든 내용들은 실제적인 믿음의 경험 즉, 살아 있는 실체로서의 믿음의 경험 또는 은유적으로 축약되어 있는 믿음의 삶의 경험으로부터 파생된 것들이다. 이 경험은 이 책 마지막 장의 주제이기도 하다. '믿음의 역동성dynamics of faith'은 믿음의 내용의 내부 긴장과 갈등 안에 존재할 뿐 아니라 믿음의 삶 안에서도 존재한다. 물론 전자는 후자에 의존하지만 말이다.

믿음이 있는 곳에 참여와 분리가 일어나며 그 사이에 긴장이 존재한다. 그리고 믿음을 가진 사람과 그의 궁극적 관심 사이에도 긴장이 존재한다. 우리는 궁극적 관심의 상태를 묘사하기 위해 '사로잡혀 있는being grasped'이라는 은유를 사용해 왔다. 그리고 사로잡혀 있는 이라는 은유는 사로 잡혀 있는 사람과 그를 사로잡은 대상을 동시에 포함한다. 궁극적 관심의 대상 안에 참여하지 않고는 그것에 대해 관심을 갖는 것은 불가능하다. 이러한 관점에서 볼 때 모든 믿음의 행위는 그것이 향하고 있는 대상에게 참여해야 한다는 전제를 가진다. 궁극적인 것에 대한 이러한 전제적 경험이 없다면 궁극적인 것 안에는 믿음이 존재할 수 없다. 믿음의 신비주의적 유형은 이 점을 가장 강력하게 강조하고 있다. 바로 여기에 '순전한 믿음mere faith'을 가진 신학은 결코 무너질 수 없다는 진실이 있다. 즉, 인간 안에 계신 하나님을 증명할 수 없다면 하나님 안에 계신 하나님도 증명할 수 없으며 믿음에 대해서도 질문할 수 없을 것이다. 참여 없이는 믿음이 존재할 수 없다.

하지만 반대로 분리라는 요소가 없다면 믿음은 믿음이 되기를 중단하게 될 것이다. 믿음을 가진 사람은 믿음의 대상으로부터 분리된다. 만약 그렇지 않으면 그는 그 믿음의 대상을 소유하게 된다. 이것은 즉각적인 확신에 문제이지 믿음의 문제가 될 수 없다. 이것은 믿음의 요소가 결핍되어 있는 상태이다. 하지만 유한하고 소외되어 있는 인간의 상황은 인간이 이러한 믿음의 분리와 믿음의 약속들 없이 궁극적인 것에 참여하도록 한다. 바로 여기에서 신비주의의 한계는 확연히 드러난다. 신비주의는 궁극적인 것으로부터 분리된 인간의 상태를 무시한다. 분리 없이는 믿음이 존재할 수 없다.

참여의 요소는 믿음의 확신을 유발한다. 분리의 요소는 믿음 안에서 의심을 유발한다. 이 두 가지 요소들은 믿음의 본질을 이해하는데 있어 필수적인 요소들이다. 때로 확신은 의심을 정복한다. 하지만 이것은 의심을 제거할 수는 없다. 오늘의 피정복자는 내일의 정복자가 될 수도 있다. 때로 의심은 믿음을 정복한다. 하지만 의심은 여전히 믿음을 포함하고 있다. 그렇지 않으면 의심은 무관심이 되어버릴 것이다. 믿음과 의심은 모두 제거될 수 없는 것들이다. 하지만 이 둘은 각각 믿음의 삶 안에서 최소한의 것으로 축소될 수 있다. 믿음의 삶은 궁극적 관심의 상태 안에 있는 삶이며 이러한 관심 없이는 그 어떤 인간도 온전한 존재를 이루어 갈 수 없기 때문에 믿음과 의심은 인간에게서 제거될 수 없다.

믿음의 확신은 의심을 완전히 제거해버린 상태로서 추앙되어 왔기 때문에 이런 맥락에서 믿음과 의심은 서로 대조적인 것들로 인식되어 왔다. 하지만 믿음과 의심 사이의 다툼을 초월한 믿음의 삶에는 평안이 있다. 그리고 모든 인간들은 이러한 상태에 이르기를 갈망하며 그것은 당연하고 정당한 것이다. 하지만 이러한 상태에 이르러도, 심지어 소위 성인들saints이라고 불리는 사람들과 굳건한 믿음을 소유했다는 평을 듣는 사람들이 이러한 상태에 이르러도 의심의 요소는 완전히 없어지지 않는다. 거룩한 전설에 의하면 성인들은 자기 자신의 성스러움을 증대시키기 위해 의심이라는 요소를 사용하려는 유혹을 받았다. 확고부동한 믿음 안에 거하고 있는 사람들에게 있어 형식주의와 광신주의는 분명 억압되어 온 의심의 징후들이다. 의심은 억압에 의해서가 아니라 용기에 의해서 극복된다. 용기는 의심의 존재를 부정하는 것이 아니라 그것을 자기 자신의 한계에 대한 표현으로 받아들이면서 동시에 궁극적 관심의 내용을 확신하는 것이다. 용기는 의심의 여지가 없는 확실성이라는 안전함을 필요로 하지 않는다. 이것은 일종의 위험을 감수한다. 예를 들어 어떤 사람의 궁극적 관심의 내용이 그리스도로서의 예수님이라면 그가 가진 믿음은 의심의 여지가 없는 확실성의 문제와 관련된 것이 아니라 실패할 위험성을 가진 대담한 용기의 문제와 관련된 것이다. 심지어 그가 강하고 적극적인 방법으로 예수님은 그리스도시라는 사실을 고백했다고 할지라도 그 고백은 용기와 위험성을 내포하고 있다.

이 모든 것들은 실제적인 관심으로서 살아 있는 믿음을 증거하고 있다. 하지만 긴장과 의심과 용기가 없는 인습적인 태도들로서는 살아 있는 믿음을 증거할 수 없다. 이러한 관점에서 생각해볼 때 이 책에서 설명하고 있는 역동적인 믿음의 성격은 많은 사회의 구성원들과 교회의 구성원들이 나타내고 있는 광범위한 믿음의 태도와 거리가 멀 수도 있다. 그러나 광범위하게 받아들여지고 있는 믿음의 태도라 할지라도 그것이 인습적인 믿음이라면 그것은 이전에 경험되었던 궁극적 관심의 죽은 잔재에 불과하다. 그렇다. 이것은 죽은 믿음이다. 하지만 이것은 또한 되살아날 수 있는 믿음이다. 왜냐하면 심지어 비역동적 믿음이라 할지라도 그것은 상징 속에서 살아가고 있기 때문이다. 이러한 상징들 속에서 이전에 활동했던 믿음의 능력은 여전히 구현될 수 있다. 그러므로 인간은 인습적인 태도로서의 믿음의 중요성을 과소평가해서는 안된다. 이것은 지금 활동하고 있는 믿음은 아니지만 여전히 생명을 가진 믿음이다. 이것은 다시 활동할 수 있는 잠재력을 가진 믿음이다. 이것은 특별히 교육과 관련이 있다. 어린이와 미성숙한 어른들과 함께 믿음의 객관적인 상징들과 이전 세대들이 보여주었던 살아 있는 믿음의 표현들에 대해 이야기를 나누는 것은 무의미한 일이 아니다. 하지만 이러한 방법 안에는 위험성이 존재한다. 즉, 교육에 의해 중재된 믿음은 전통적인 믿음의 태도로서 남아 있지 결코 살아 움직이는 믿음의 상태에 이를 수 없다. 하지만 만약 사람들이 주어진 상징들에 대해 이야기하는 것에 안주하지 않고 삶의 의미에 관한 독립적인 질문들을 던질 수 있게 된다면 이들은 강력한 믿음의 삶으로 인도될 것이다. 하지만 이들 또한 이러한 태도에 대한 반작용을 경험하면서 공허함, 냉소주의, 궁극적 관심의 맹신적 형태로 인도될 수도 있다.

살아 있는 믿음은 그것 자신에 대한 의심을 포함할 뿐 아니라 그 의심을 자기 자신 안으로 가지고 들어가는 용기와 그 용기의 위험성을 포함한다. 모든 믿음 안에는 의심과 용기와 위험을 필요로 하지 않는 즉각적인 확신의 요소가 있다. 이것은 믿음 그 자체에 대해 가지는 무조건적 관심이다. 이것은 열정, 염려, 좌절, 황홀경 안에서 경험된다. 하지만 이것은 구체적인 내용으로부터 고립되어 있을 때에는 결코 경험할 수 없다. 이것은 구체적인 내용 안에서, 구체적인 내용을 통해서, 구체적인 내용과 함께 경험된다. 그리고 오직 분석적인 정신만이 구체적인 내용을 이론적으로 고립시킬 수 있다. 이러한 이론적인 고립은 이 책 전체의 근간을 이루고 있다. 이것은 궁극적인 관심을 믿음의 정의로 세울 수 있는 방법이다. 하지만 믿음의 삶 그 자체는 이러한 분석적 작업을 포함하지 않는다. 그러므로 인간이 가진 궁극적인 관심의 구체적인 내용에 대한 의심은 총체성 안에 있는 믿음과 반대되는 방향으로 유도된다. 그리고 총체적 행동으로서의 믿음은 용기를 통해 자기자신을 확신해야 한다.

이 문맥에서 '용기^{courage}'라는 용어를 사용하기 위해서는 이 용어에 대한 어떤 해석이 필요하다 (나의 책 「존재의 용기」 *The Courage to Be*는 이것을 충분히 설명하고 있다). 특별히 믿음과의 관계성 속에서 말이다. 어떤 사람은 이것을 이렇게 짧게 설명할 수도 있을 것이다. 용기는 믿음의 위험성과 관련을 가지고 있는 믿음 안에 있는 요소라고 말이다. 하지만 그는 믿음을 용기로 대체시켜서는 안 된다. 물론 용기 없이는 믿음을 설명할 수 없겠지만 말이다. 신비주의적 문헌에서 '하나님의 시야$^{vision\ of\ God}$'라는 용어는 이 세상에 존재하지 않거나 매우 드물게 존재하는 것으로서 믿음의 상태를 초월하는 단계로 묘사된다. 존재의 거룩한 근원과의 완전한 재결합을 통해 거리의 요소들은 극복되고 그와 함께 불확실성과 의심과 용기와 위험성 또한 극복된다. 유한한 것은 무한한 것 안으로 인도되는 것이다. 그렇다고 여기에서 유한한 것이 완전히 소멸되는 것은 아니다. 그리고 유한한 것과 무한한 것이 서로 분리된 상태에 놓여 있는 것도 아니다. 이것은 인간에게 놓여질 수 있는 평범한 상태가 아니다. 믿음과 용기 안에는 위험성이 존재한다. 믿음의 위험성은 궁극적 관심의 구체적인 내용이다. 즉, 믿음의 대상에 대해 가지는 관심이 진정으로 궁극적인 것이 아닐 수도 있다는 것이다. 종교적으로 말해, 인간의 믿음 안에는 맹신적인 요소가 있을 수 있다는 것이다. 이것은 인간 스스로가 바람직한 믿음이라고 생각하여 만들어낸 내용의 믿음일 수도 있다는 것이다. 이것은 인간을 절대적인 전통 아래에 가두어 두려는 사회 집단의 관심일 수도 있다는 것이다. 이것은 과거에 존재했고 현재에도 존재하는 다신주의적 모습으로서, 인간의 궁극적 관심을 충분히 설명하지 못하는 실체의 조각일 수도 있다는 것이다. 이것은 모든 종교 안에 존재하는 마술적 의식과 기도의 모습으로서, 인간 자신의 목적을 이루기 위해 궁극적 관심을 이용하려는 시도일 수도 있다는 것이다. 이것은 궁극적인 것 그 자체와 함께 궁극적인 것의 운반자까지 궁극적인 것으로 취급하는 혼동일 수도 있다는 것이다. 이것은 복음의 이야기가 시작되는 시점부터 지금까지 모든 믿음의 유형들에서 발견되어 왔다. 이것은 기독교가 가지는 항구적인 위험성이다. 이러한 혼돈에 대한 반대 의견은 네 번째 복음(요한복음)에서 제기되었다. 예수님께서는 "나를 믿는 자는 나를 믿는 것이 아니요 나를 보내신 이를 믿은 것이며"라고 말씀하셨다. 하지만 고전적 교리와 의식들 그리고 헌신적인 삶은 이런 것들로부터 우리를 자유롭게 만들 수 없다. 그럼에도 불구하고 기독교인들은 그리스도로서의 예수님 안에서 자신의 믿음을 확언하는 용기를 가질 수 있다. 그는 맹신주의라는 일탈의 가능성, 아니 불가피성을 의식한다. 하지만 그는 동시에 이러한 맹신주의적 남용과 맞서 항거하는 기준으로서 그리스도 그분의 형상, 즉, 십자가가 주어졌다는 사실을 인식한다.

이러한 기준으로부터 전해진 메시지는 바로 기독교의 가장 중요한 핵심이며 인간으로 하여금 그리스도 안에서 자기의 믿음을 확언하도록 하는 용기를 준다. 다시 말해, 많은 세력들이 하나님과 인간 사이를 분리시키려 하고 있지만 그러한 위협들은 하나님의 측면으로부터 방어된다. 의심은 바로 하나님과 인간 사이를 분리시키려는 세력들 중 하나이다. 그것은 용기가 자신의 믿음을 확언하지 못하도록 방해한다. 하지만 이러한 상황에서도 믿음은 여전히 확언될 수 있다. 왜냐하면 여기에는 믿음의 위험성이 믿음에 대한 인간의 관심을 궁극적인 것으로부터 분리시킬 수 없다는 확실성이 존재하기 때문이다. 이것은 오직 믿음의 절대적 내용들 안에서 즉, 우리가 항상 받고만 있지 주지는 않는 절대적인 것과의 관계 속에서 일어나는 믿음의 절대적 확실성이다. 우리는 결코 유한한 것의 측면으로부터 유한한 것과 무한한 것 사이의 무한한 거리를 연결시킬 수 없다. 우리는 무한한 것의 측면으로부터 유한한 것과 무한한 것 사이의 무한한 거리를 연결시킴으로써 믿음의 용기를 얻을 수 있다. 이렇게 될 때 실패와 실수와 맹신적 왜곡이라는 위험성은 받아들여질 수 있게 된다. 왜냐하면 그것들은 위협적임에도 불구하고 우리를 우리의 궁극적 관심으로부터 분리시킬 수 없기 때문이다.

믿음 그리고 인격의 통합

우리의 마지막 고찰은 믿음과 인간의 인격적 삶의 문제와의 관계성을 알아보는 것이다. 이것은 정말 중요한 의미를 가진다. 만약 믿음이 궁극적 관심의 상태라면 모든 일시적인 관심은 그것에 복종되어야 한다. 궁극적 관심은 다른 모든 관심들에게 깊이와 방향과 통합을 제공해 준다. 그리고 총체적 인격에게도 그 모든 것들을 제공해 준다. 이러한 특징들을 소유한 인격은 통합된다. 그리고 그 통합된 인격의 능력은 바로 그의 믿음이 된다. 하지만 만약 믿음의 의미가 왜곡되게 이해되고 있다면 즉, 믿음을 증거가 없는 것에 대한 신념 정도로 이해하고 있다면 이러한 주장은 불합리하게 들릴 수 있다는 사실을 우리는 다시 한번 상기해 보아야 한다. 하지만 만약 믿음이 궁극적 관심이라고 정의된다면 이러한 주장은 결코 불합리하지 않고 타당해진다.

궁극적 관심은 실체의 모든 측면들, 그리고 인간 인격의 모든 측면과 관계를 가지고 있다. 궁극적인 것은 다른 모든 것들과 구별되는 하나의 대상이며 그것들의 근원이다. 궁극적인 것은 모든 것들의 근원이기 때문에 궁극적 관심은 인격적 삶을 통합하는 중심이다. 그래서 궁극적인 것이 부재하면 중심 역시 부재하게 된다. 이러한 상태에서 인간은 단지 중심에 접근할 수만 있지 충분히 도달할 수는 없게 된다. 왜냐하면 중심을 완전히 빼앗긴 인간은 더 이상 참된 인간이 아니기 때문이다. 즉, 궁극적 관심 또는 믿음이 없는 인간은 참된 인간으로서 인정될 수 없다.

중심은 인간의 인격적 삶의 모든 요소들 즉, 육체적인 것, 무의식적인 것, 의식적인 것, 영적인 것을 통합한다. 믿음의 행위 안에서 인간이 가진 모든 육체적 신경들과 모든 영혼의 움직임과 모든 정신의 기능들은 통합된다. 하지만 인간의 육체와 영혼과 정신은 세 가지로 구분된 요소들이 아니다. 그것들은 항상 서로 안에 속해 있으면서 통합된 인간을 형성한다. 바꾸어 말해, 인간은 하나의 통합체이지 서로 다른 각각의 것들로 구성된 존재가 아니다. 그러므로 믿음은 고립되어 존재하는 정신적인 문제만이 아니며 정신과 육체와 별개로 존재하는 영혼의 문제만도 아니며 단독적으로 존재하는 육체적 문제(이것은 동물적 믿음이다)만도 아니다. 이것은 궁극적 의미와 중요성을 가진 어떤 대상을 향하는 총체적 인격의 중심된 움직임이다.

궁극적 관심은 열정적인 관심이다. 이것은 무한히 열정적인 상태이다. 열정은 육체적 기초 없이는 실재할 수 없다. 심지어 그것이 가장 영적인 열정이라 할지라도 말이다. 육체는 모든 진정한 믿음의 행위 안에 참여한다. 왜냐하면 진정한 믿음은 열정적인 행위이기 때문이다. 육체가 진정한 믿음의 행위 안에 참여하는 방법은 매우 다양하다. 육체는 생생한 황홀경의 형태로 이끄는 것이든 금욕주의의 형태 즉, 영적인 황홀경의 형태로 이끄는 것이든 진정한 믿음에 참여할 수 있다. 다시 말해, 그것이 생생한 충만의 형태이든 생생한 제한의 형태이든 육체는 믿음의 삶에 참여한다. 이것은 또한 소위 인간의 심리적 본능들이라고 불리는 무의식적 노력들에게 있어서도 동일한 사실이다. 그것들은 상징들을 선택하고 믿음의 유형들을 결정한다. 그래서 모든 믿음의 공동체는 구성원들 특별히 새로운 세대들의 무의식적 노력들을 구체화하려고 애쓴다. 만약 누군가가 자신의 무의식적 노력들을 적합하게 나타내 줄 상징들 안에서 자신의 믿음을 표현하고 있다면 이러한 노력들은 더 이상 무질서해지지 않을 것이다. 그것들은 억압을 필요로 하지 않는다. 왜냐하면 그것들은 이미 '승화sublimation' 되었으며 개인의 의식적 활동들과 함께 연합되었기 때문이다. 믿음은 또한 인간의 의식적 삶에 '집중con-centration' 해야 할 중심적 대상을 제공함으로써 그것을 지도한다. 인간의 의식이 혼란을 겪는 경향을 가지는 것은 모든 인격적 삶에 있어 대단한 문제이다. 만약 통합된 중심이 부재하다면 인간 정신의 내부에서 일어나는 움직임의 무한한 다양성뿐 아니라 외부 세계에서 만나는 사건들의 무한한 다양성은 인격의 분열을 초래할 수 있다. 그래서 인간 중심은 통합되어야 하며 그것을 가능하게 하는 것은 오직 인간 정신에서 일어나는 궁극적인 관심뿐이다. 믿음이 인간의 정신적 삶과 연합하고 그것에 지배적인 중심을 제공할 수 있는 방법은 여러 가지이다. 이것은 일상의 삶을 통제하고 규율하는 방법이 될 수도 있다. 이것은 명상과 묵상의 방법이 될 수도 있다. 이것은 일상의 일들 또는 특별한 목적 또는 다른 사람들에게 정신을 집중하는 방법이 될 수도 있다. 각각의 경우에서 믿음은 전제된다. 이들 중 그 어떤 것도 믿음이 없이는 수행될 수 없다. 인간의 영적 기능, 예술적 창조성, 과학적 지식, 윤리적 구조 그리고 정치적 조직은 의식적 또는 무의식적으로 궁극적 관심을 표현하고 있다. 이러한 궁극적 관심은 그것들에게 열정과 창조적 사랑을 부어주며 그것들을 깊이 안에서 의미 있는 것으로 만들어주며 목적 안에서 통합된 것으로 만들어 준다.

우리는 믿음이 어떻게 인격적 삶의 모든 요소들을 결정하고 통합하는지를 보여주었다. 그리고 믿음이 어떻게 그리고 왜 통합하는 능력을 가지는지도 보여 주었다. 또한 그렇게 함으로써 믿음이 할 수 있는 것을 형상적으로 묘사해 보았다. 하지만 우리는 믿음이 인격적 삶과 충분히 통합되지 못하도록 하는 병폐와 분열의 세력들을 형상적으로 묘사해 보지는 못했다. 이것들은 믿음의 능력을 가장 현저하게 드러내고 있는 사람들 즉, 성인들과 위대한 신비주의자들과 선지자적 인물들에게서도 존재한다. 인간은 오직 단편적으로 통합되며 존재의 모든 차원들 안에 병폐와 분열의 요소들을 담고 있다.

또한 어떤 사람은 믿음의 통합하는 능력은 치료하는 능력을 가진다고 말한다. 하지만 이 진술은 믿음과 치료 사이에는 언어적이고 실제적인 왜곡들이 존재한다는 관점에서 비판을 받을 필요가 있다. 언어적으로(그리고 실제적으로) 인간은 소위 '믿음 치료$^{faith\ healing}$'라는 것으로부터 믿음의 통합하는 능력을 구분해야 한다. 실제적으로 빈번히 사용되고 있는 용어인 이 믿음 치료는 타인들 또는 자기 자신 안에 존재하는 치료의 능력에 정신을 집중함으로써 타인들 또는 자기자신을 치료하려고 시도하는 행위를 의미한다. 실제로 자연과 인간 안에는 이러한 치료 능력이 존재하며 이것은 정신적 행위에 의해 강화될 수 있다. 어떤 사람은 이 마술적 능력의 사용을 권장하기도 한다. 물론 인간과 인간 사이의 관계뿐 아니라 인간의 내부적 요소들의 관계 속에서도 이러한 마술적 치료는 분명히 가능하다. 일상의 경험들과 때때로 일어나는 놀라운 일들을 통해서 볼 때에도 강도와 효력의 차이는 있지만 이것은 분명 존재한다. 하지만 인간은 이것을 두고 '믿음^{faith}'이라고 말해서는 안 된다. 그리고 궁극적 관심의 통합 능력이라고 혼동해서도 안 된다.

구체적인 상황에서 믿음의 통합하는 능력은 주관적, 객관적 요인들에 의존한다. 주관적 요인은 믿음의 능력에 대해 인간의 마음이 열린 정도 즉, 인간이 가진 궁극적 관심이 얼마나 강하고 열정적인가를 말한다. 이러한 개방성을 종교는 '은혜^{grace}'

라고 부른다. 이것은 주어진 것이며 결코 의도적으로 생성될 수 없는 것이다. 객관적 요인은 믿음이 맹신적 요인들을 정복한 정도 즉, 그것이 진정으로 궁극적인 것을 향해 인도되고 있는가를 말한다. 맹신적 믿음은 분명 역동성을 소유하고 있다. 이것은 극단적으로 열정적이 될 수 있으며 일시적으로 통합하는 능력을 행사할 수 있다. 이것은 영혼과 육체를 포함하여 인격을 치료할 수 있고 통합할 수 있다. 다신교에서 숭배하고 있는 신들은 마술적인 방법뿐 아니라 실제적인 재통합의 방법을 통해 치료하는 능력을 발휘했다. 현대에 존재하고 있는 세속적 우상들 즉, 국가나 성공 같은 것들은 지도자의 마술적 매력 또는 표어 또는 약속들을 통해서 뿐 아니라 삶을 더욱 의미 있고 풍성하게 만들어 준다는 주장을 통해 치료의 능력을 발휘하고 있다. 하지만 이것들이 가지는 통합의 기초는 너무나 협소하다. 맹신적인 믿음은 머지 않아 붕괴될 것이며 그에 대한 병폐는 이전보다 더욱 심해질 것이다. 궁극적인 것으로 격상되어 왔던 하나의 제한된 요소는 다른 제한된 요소들에 의해 공격을 받게 될 것이다. 심지어 이러한 제한된 요소들이 고상한 가치를 나타내고 있다 할지라도 인간의 정신은 분열되고 말 것이다. 무의식적 욕망의 충족은 지속되지 못한다. 그것들은 억압되거나 또는 무질서하게 폭발할 것이다. 더 이상의 정신 집중은 불가능하게 될 것이다. 왜냐하면 정신 집중의 대상은 그것 자신이 가지고 있었던 확신시키는 성격을 상실할 것이기 때문이다. 영적인 창조성은 점점 더 천박하고 공허한 것으로 변하게 될 것이다. 왜냐하면 무한한 의미는 그것에게 깊이를 제공하지 않을 것이기 때문이다. 믿음의 열정은 정복되지 않은 의심과 좌절들로 인해 고통으로 변하게 될 것이다. 그리고 많은 경우 정신병과 신경증 속으로 도주하게 될 것이다. 맹신적 믿음은 오히려 무관심보다도 더 분열적인 힘을 발휘하게 될 것이다. 왜냐하면 이것은 무상한 통합을 양산했던 단순한 믿음이었기 때문이다. 잘못 인도된 믿음인 이 맹신적 믿음은 극단적인 위험을 가지고 있다. 그래서 선지자적 영들은 가장 먼저 이 믿음의 맹신주의적 왜곡과 맞서 싸워왔던 것이다.

믿음의 치료하는 능력은 그것이 치료하는 다른 능력들과 어떤 관계를 맺고 있는지에 대한 질문을 야기시킨다. 우리는 이미 의료 기술과 과학적 전제들과 기술적 수단들에 대해 언급하지 않고도 정신이 정신에게 영향력을 미치는 마술적 요소들에 대해 언급하였다. 모든 치료하는 능력들에는 공통점이 있으며 이것들 중 그 무엇도 배타적인 유효성을 주장할 수 없다. 그럼에도 불구하고 개념적인 차원에서 이것들은 특별한 기능들을 개별적으로 수행한다. 아마도 어떤 사람은 믿음의 치료하는 능력이 몸과 정신의 어떤 특별한 병과 독립되어 있다고 말할지 모른다. 그리고 인생의 모든 순간들 안에서 긍정적 또는 부정적인 영향을 미치는 총체적 인격과 관련이 있다고 말할지 모른다. 어쨌든 이 믿음의 치료하는 능력은 다른 모든 치료의 활동들에 앞서 존재하기도 하고 그것과 동행하기도 하고 그것을 따라가기도 한다. 그러나 이것은 혼자서는 인격을 충분히 개발하지 못한다. 유한하고 소외된 상태에서 인간은 총체적이 될 수 없고 자신이 가지고 있는 각각의 요소들을 분열시킨다. 즉, 인간 안에 있는 각각의 요소들은 다른 요소들과 독립적으로 분열될 수 있다. 그래서 육체의 각 부분들은 정신적인 병을 경험하지 않고도 병에 걸릴 수 있고 정신은 눈에 보이는 육체의 병을 경험하지 않고도 병에 걸리 수 있게 된다. 인간은 정신적인 병, 특별히 신경증을 앓고 있거나 모든 종류의 육체적 병을 앓고 있어도 영적인 삶은 건강한 상태를 유지할 수 있고 오히려 더 강해질 수도 있다. 그래서 의료 기술은 총체적 인격에서 분리된 요소들이 내부적 또는 외부적 이유들로 인해 분열되고 있을 때 사용되어야 한다. 이것은 육체적 의학뿐 아니라 정신적 의학에 있어서도 사실이다. 그리고 육체적, 정신적 의학과 궁극적 관심의 상태를 치료하는 능력 사이에는 아무런 갈등도 없다. 그리고 분명한 사실은 정신적 치료를 포함한 모든 의학적 활동들은 총체로서의 인격을 재통합할 수 없다. 오직 믿음만이 이것을 가능하게 할 수 있다. 만약 육체적 의학과 정신적 의학이 자신만이 가진 특별한 기능들과 특별한 한계들을 알게 된다면 이 두 가지 치료하는 능력들 사이에 긴장은 사라져 버리게 될 것이다. 그러면 그것들은 세 번째 치료하는 능력 즉, 치료하는 능력 그 자체에게 마술적으로 집중함으로써 치료하는 능력에 대해 걱정하지 않게 된다. 그것들은 자기 자신의 엄청난 한계들을 인정하면서 동시에 세 번째 치료하는 능력의 도움을 받아들이게 될 것이다.

믿음의 유형들이 매우 많이 존재하듯이 통합된 인격의 유형들 또한 매우 많이 존재한다. 또한 다른 통합된 인격의 유형들의 성격들과 연합하는 통합된 인격의 유형들도 존재한다. 이러한 유형의 인격들은 초기 기독교로부터 창조되었다. 하지만 이것은 교회의 역사 안에서 반복적으로 간과되어 오기도 했다. 이러한 유형의 인격은 믿음의 단독적인 관점으로는 묘사될 수 없다. 이것은 믿음과 사랑에 대한 질문 그리고 믿음과 행위에 대한 질문을 통해 파악되어야 한다.

믿음, 사랑 그리고 행위

믿음은 인간의 행위 안에 있는 것이 아니라 신성한 용서 즉, 하나님께서 인간을 받아들이시는 것 안에 있다는 사도 바울의 교리는 공격을 받아왔다. 이것은 사랑과 행위의 관계 속에서 믿음에 대한 많은 질문들을 야기시켰으며 또한 다양한 대답들을 양산하기도 했다. 만약 믿음이 증거가 없는 것들 안에 존재하는 신념으로 이해되거나 또는 궁극적인 관심을 가지는 상태로 이해된다면 이 질문들에 대한 대답들은 모두 적합하지 않다. 전자의 경우에서, 사랑과 행위는 직접적으로 믿음에 의존하게 된다. 그리고 그러한 형태는 반드시 거부되어야 한다. 후자의 경우에서, 사랑과 행위는 믿음 안에 포함되어 있고 믿음으로부터 결코 분리될 수 없다. 비록 믿음의 해석이 많은 부분에서 왜곡되고 있음에도 불구하고 후자의 정의는 분명 타당성을 부여 받아야 한다. 이것 역시 믿음의 정의를 완벽하게 표현한 것이라고 말할 수는 없지만 말이다.

  믿음은 오직 어떤 것에 대해 궁극적 관심을 가지는 상태이다. 그리고 그 어떤 것은 본질적으로 믿음을 포함하고 있으나 존재론적으로는 믿음과 분리되어 있다. 우리는 완전한 하나님의 시각으로 믿음을 볼 수 없다. 하지만 이러한 하나님의 시각에 도달할 가능성에 대해서는 무한한 관심을 가질 수 있다. 이것은 분리된 것들의 재결합을 전제한다. 그리고 이 분리된 것들을 재결합 시킬 수 있는 원동력은 바로 사랑이다. 믿음의 관심은 사랑의 갈망과 동일한 것이다. 인간은 소외된 상태로부터 자기가 본질적으로 속해 있었으나 분리된 그것과 연합해야 한다. 예수님에 의해 다시 한번 확인된 구약 성경의 대명령 great commandment에서 궁극적 관심의 대상과 무조건적인 사랑의 대상은 바로 하나님이었다. 그리고 이 하나님께 속한 사랑은 하나님 사랑과 이웃 사랑이라는 내용으로 명시되었다. 이것은 다른 인간들을 향한 행위를 결정짓는 '하나님에 대한 경외 fear of God'이며 '그리스도에 대한 사랑 love of Christ'이다. 이것은 성경 전체가 말하고 있는 바이기도 하다. 힌두교와 불교가 가지고 있는 믿음은 궁극적인 것에 대한 믿음이다. 모든 존재들은 바로 이 궁극적인 것으로부터 비롯되었고 다시 그것으로 돌아간다. 그리고 이 궁극적인 것은 다른 것들 안에 참여할지를 결정한다. 그리고 이 궁극적인 것이 다른 모든 존재들 안에 참여할 때 모든 존재들은 자신들과 이 궁극적인 것 사이의 동질성을 인식한다. 그렇다고 이것이 성경에서 말하는 사랑의 개념을 의미하는 것은 아니다. 이것은 본래 자기의 모태가 되었던 것과의 재결합을 갈망하는 그런 모습의 사랑이다. 이 믿음의 두 가지 유형에서 사랑과 행위는 믿음 외부에 있는 어떤 것으로 간주되지 않고 관심 그 자체의 요소들로 간주된다. 만약 믿음이 궁극적 관심 그 이하의 것이었다면 사랑과 행위는 믿음 외부에 있는 어떤 것으로 간주되었을 것이다. 종교의 퇴보는 항상 믿음과 사랑의 분열을 초래했다. 유대교가 의식적 율법 체계가 되었을 때, 인도의 종교들이 마술적 성례주의로 발전되었을 때, 기독교가 진리를 왜곡시키고 교리적 법치주의를 강화시키려 했을 때 믿음과 사랑의 관계에 대한 질문은 이러한 종교들 내부와 외부에 있는 사람들을 넘어지게 하는 장애물이 되었다. 그리고 그들이 이들 종교에서 등을 돌려 비종교적 윤리를 쫓게 만드는 원인이 되었다.

그들은 믿음을 거부함으로써 모든 왜곡된 형태의 믿음으로부터 달아나려고 시도했다. 하지만 그들에게는 이런 질문이 제기될 수밖에 없다. 믿음 없는 사랑이란 존재할 수 있는가? 분명 교리를 받아들이지 않는 곳에서 사랑은 존재할 수 있다. 역사는 이것을 증명해 주고 있다. 사랑에 반하는 가장 끔찍한 범죄들은 광신적으로 교리를 방어하는 사람들에 의해 자행되어 왔다. 교리를 열정적으로 받아들이고 방어하는 형태의 믿음은 결코 믿음의 행위를 양산해낼 수 없다. 하지만 궁극적 관심의 상태로서의 믿음은 사랑을 포함하고 있을 뿐 아니라 분리된 것들을 재결합시키려는 갈망과 열정을 포함하고 있다.

하지만, 여전히 믿음 없는 사랑이란 존재할 수 있는가 라는 질문은 남아있다. 궁극적 관심을 가지고 있지 않은 사람이 사랑을 할 수 있는가? 이것은 제기할 만한 질문이다. 그리고 이에 대한 대답은 이렇다. 궁극적 관심 즉, 믿음을 가지고 있지 않은 인간은 없다는 것이다. 비록 숨겨져 있다 할지라도 사랑은 인간 마음 속에 존재한다. 모든 인간은 자기가 소유한 궁극적 관심의 내용과 연합하기를 갈망한다.

우리는 믿음의 왜곡된 의미들에 대해 논의해 왔다. 비록 우리의 제한된 이성으로 이에 대한 해답을 얻는 것은 불가능해 보이지만 그것은 반드시 필요한 작업이다. 이런 맥락에서 볼 때 우리에게는 사랑의 왜곡된 의미들 역시 거부해야 할 책임이 있다. 그 중에서도 가장 언급되어야 할 사랑의 왜곡된 해석은 사랑을 감정으로 간주하는 것이다. 믿음 안에서처럼 감정은 분명 사랑의 경험들과 연결되어 있다. 하지만 감정은 사랑 그 자체를 감정으로 변화시킬 수 없다. 사랑은 모든 것들의 근원 안에 있는 능력이다. 사랑을 통해 이 모든 것들은 자기 자신을 넘어 다른 것들과 연합할 수 있을 뿐 아니라 분리되어 있었던 근원 그 자체와도 궁극적으로 재결합할 수 있다.

진정한 사랑과 구별되어야 할 또 다른 왜곡된 유형의 사랑은 기독교적 사랑의 유형인 아가페[agape]와 대조되어 왔던 그리스적 사랑의 유형인 에로스[eros]이다. 에로스는 다른 존재를 통해 자기 자신을 충족시키려는 욕망으로서 정의될 수 있다. 아가페는 다른 존재를 위해 자기 자신을 복종시키려는 의지로서 정의될 수 있다. 이 두 가지 유형의 사랑 중 하나만을 선택하는 것은 불가능하다. '사랑의 유형[types of love]'은 '사랑의 특징[quality of love]'이라고 말할 수 있다. 이 사랑의 유형들은 서로의 안에 놓여져 있다. 그리고 그것들 중 어떤 것이 왜곡될 때 그것들 사이에서는 갈등이 일어나게 된다. 에로스와 아가페의 연합이 없는 곳에서 진정한 사랑이란 존재할 수 없다. 에로스가 없는 아가페는 윤리적 법칙에 대한 순종에 불과하다. 그곳에는 온정과 갈망과 재결합이 없다. 아가페가 없는 에로스는 무질서한 욕망에 불과하다. 그것은 다른 사람 즉, 사랑할 수 있고 사랑 받을 수 있을 뿐 아니라 독립된 자아를 가지고 있는 다른 존재의 주장과 그것의 유효성을 무시한다. 에로스와 아가페가 연합된 사랑은 믿음을 포함한다. 사랑이 믿음을 더 포함하면 할수록 믿음은 더욱 더 자신의 악마적이며 맹신적인 가능성들을 정복해 나간다. 일시적인 관심에 궁극성을 부여한 맹신적 믿음은 다른 모든 일시적 관심들과 맞서게 되고 대조적인 주장을 하고 있는 일시적 관심들 사이에서 사랑의 관계가 형성되지 못하도록 만든다. 광신자들은 자신들을 광신적으로 유도한 광신주의를 사랑할 수 없다. 그리고 맹신적 믿음은 필연적으로 광신적이다. 의심들이 맹신적 믿음을 두고 일시적인 어떤 것이 궁극적인 것으로 격상된 것이라고 간주할 때마다 맹신적 믿음은 의심들을 억압해야 한다.

직접적인 사랑의 표현은 행위로써 나타난다. 신학자들은 믿음이 어떻게 행위의 결과가 될 수 있는가 라는 질문을 놓고 토론해 왔다. 이에 대한 대답은 이것이다. 믿음은 사랑을 포함하고 있고 사랑의 표현은 행위로 나타나기 때문에 믿음은 행위의 결과이다. 믿음과 행위를 연결하는 매개물은 바로 사랑이다. 구원은 오직 믿음에 의존해야 한다고 믿었던 종교개혁가들은 구원을 위해서는 행위가 필요하다고 주장한 가톨릭의 교리를 비판했다. 그들은 인간이 어떤 행위를 통해 하나님과 재결합될 수 있다는 주장을 거부했고 그것을 정당한 태도라고 믿었다. 오직 하나님만이 하나님께로부터 소외된 인간과 연합하실 수 있다. 하지만 종교개혁가들이 깨닫지 못했고 가톨릭 역시 아직까지 거의 인식하지 못하고 있는 사실이 있는데 그것은 바로 만약 믿음이 궁극적 관심으로서 이해될 수 있다면 사랑은 믿음의 한 요소가 될 수 있다는 것이다. 믿음은 사랑을 포함한다. 사랑은 행위 안에서 살아간다. 이런 관점에서 본다면 믿음은 행위 안에서 실재한다. 궁극적 관심이 있는 곳에 그 궁극적 관심의 내용을 실현시키려는 열정적인 갈망이 있다. '관심^{concern}' 이라는 용어의 정의는 행위에 대한 갈망을 포함하고 있다. 물론 행위의 종류는 믿음의 유형에 의존한다. 존재론적 유형의 믿음은 존재가 존재로부터 분리되는 상황 그 이상의 높이를 향해 날아갈 것이다. 도덕적 유형의 믿음은 소외된 실체가 변환되는 지점을 향해 달려갈 것이다. 이 두 가지 믿음의 유형들 속에서 사랑은 일하고 있다. 첫 번째 경우에서, 에로스라는 사랑의 특성은 사랑하는 사람과 사랑 받는 사람의 구분을 넘어서 사랑에 속해 있는 사람들과의 연합을 향해 달려갈 것이다. 두 번째 경우에서, 아가페라는 사랑의 특성은 사랑하는 사람 그 자체를 수용할 뿐 아니라 그가 잠재되어 있던 본래의 모습으로 변환되는 것까지도 수용하는 방향으로 달려갈 것이다. 신비주의적 사랑은 자아의 인식을 통해 통합된다. 도덕적 사랑은 자아의 확신을 통해 변형된다. 신비주의적 사랑으로부터 파생되는 활동들은 다분히 금욕주의적ascetic이다. 도덕적 사랑으로부터 파생되는 활동들은 다분히 인위적이다. 이 두 가지 경우에서 믿음은 사랑의 종류와 행위의 종류를 결정한다.

이것들은 믿음의 성격 안에 있는 기초적인 양극단을 묘사한 예들이다. 이러한 예들은 이것 말고도 수없이 많이 존재한다. 개인적인 용서를 강조하는 루터주의자들의 믿음은 하나님의 영광을 강조하는 칼빈주의자들의 믿음보다 사회적 행위에 있어 덜 적극적이다. 인간의 본질적 이성을 강조하는 인본주의자들의 믿음은 원죄와 실체의 악마적 구조들을 강조하는 전통 기독교의 믿음보다 공교육과 민주주의에 더 호의적이다. 중재자 없이 하나님과의 일대일 관계를 강조하는 개신교의 믿음은 교회가 하나님과 인간 사이에 중재자 역할을 해야 한다고 강조하는 가톨릭의 믿음보다 더 독립적인 특성들을 가진다. 궁극적인 관심을 가지는 상태로서의 믿음은 사랑을 포함하며 행위를 결정한다. 믿음은 사랑과 행위 뒤에 존재하는 궁극적인 능력이다.

믿음의 공동체와 그것의 표현들

믿음의 본질에 대한 설명을 통해 우리는 믿음은 오직 믿음의 공동체 안에서 또는 더 정확히 말해, 믿음의 언어의 교감 안에서 실재한다는 사실을 알게 되었다. 우리는 또한 사랑과 믿음에 대한 고찰을 통해 그것들이 동일한 방향을 향하고 있다는 사실도 알게 되었다. 사랑은 믿음 안에 포함되어 있으며 분리된 것들이 재결합되기를 갈망하고 있다. 사랑은 믿음이 공동체의 문제가 되게 한다. 믿음은 행위를 이끌고 행위는 공동체를 전제하고 있기 때문에 궁극적 관심의 상태는 오직 행위의 공동체 안에서만 실재할 수 있다.

이런 상황에서 지금까지 논의되어 온 믿음과 의심에 관한 몇 가지 문제점들이 발생한다. 하지만 이러한 논의들을 교리적으로 표현하는 것은 부차적인 중요성만을 가진다. 믿음의 공동체 안에서 궁극적인 관심을 표현하는 것은 이보다 더 근본적인 중요성을 가진다. 이전에 살펴본 바와 같이 궁극적 관심에 대한 모든 표현들은 상징적이다. 왜냐하면 궁극적인 것은 비상징적인 용어로 표현될 수 없기 때문이다. 하지만 우리는 이 상징적 표현들을 두 가지 기본적인 형태로 구별해야 한다. 이것들은 직관적인 것과 활동적인 것으로 구분될 수 있다. 전통적인 용어들을 사용하면, 이것들은 신비주의적인 것과 의식적인[ritual] 것으로 구분될 수 있다. 믿음의 공동체는 의식적 상징들을 통해 자기 자신을 구성하며 신비주의적 상징들을 통해 자기 자신을 해석한다. 이 두 가지는 상호의존적이다. 의식에서 행해지는 것은 신화에서 상상될 수 있다. 그리고 그 반대도 성립된다. 이러한 두 가지 자기 표현의 방법을 가지고 있지 않은 믿음은 있을 수 없다. 심지어 국가나 성공도 믿음의 내용들이며 그것들은 의식과 신화와 연결되어 있다. 잘 알려진 바대로 전체주의적 체제들은 정교한 의식적 활동들의 체계뿐 아니라 상상력을 통해 구성된 많은 상징들을 가지고 있었다. 하지만 총체적인 체제에 근원을 두고 표현된 그들의 믿음은 불합리한 것이었다. 전체주의 공동체는 의식적 활동들과 직관적 상징들 안에서 자기 자신을 표현했는데 이것은 권위주의적 종교 집단이 자기 자신을 표현했던 방법과 많은 부분에서 매우 유사했다. 하지만 모든 참된 종교들은 정치적 전체주의로부터 아무런 제한도 받지 않은 채 맹신적인 요소들을 받아들인 집단과 맞서 저항했다.

믿음의 삶은 믿음의 공동체 안에서 살아가는 삶이다. 믿음의 삶은 공동의 활동들과 제도들 안에서 살아갈 뿐 아니라 구성원들의 내적 삶 안에서 살아간다. 비록 어떤 사람이 믿음의 공동체의 활동들로부터 분리되었다 할지라도 그가 믿음의 공동체 그 자체에서 필연적으로 분리된 것은 아니다. 그는 영혼을 강화하기 위해 자발적인 격리를 선택했을 수도 있다. 자기 자신을 후퇴시키면서 임시적인 격리를 선택한 사람은 다시 믿음의 공동체 안으로 돌아올 수 있다. 그는 다시 믿음의 공동체가 사용하는 언어를 말할 수 있고 믿음의 공동체가 표현하는 상징들을 이용할 수 있다. 하지만 신비주의적 고독 속에 있는 삶은 믿음의 삶이 존재할 수 없다. 왜냐하면 그것은 믿음의 공동체 안에 있는 삶이 아니기 때문이다. 한편 믿음의 공동체가 아닌 공동체는 진정한 공동체라고 볼 수 없다. 어떤 집단은 상호의 관심에 의해 하나로 묶여 있다. 이 연합은 관심이 지속되는 한에서만 순조롭게 유지된다. 가족과 부족과 같은 집단은 자연스럽게 형성하고 성장한다. 하지만 그 집단의 생명력이 사라져버리는 상황이 되면 그것은 자연스럽게 죽음을 맞이하게 된다. 이러한 두 가지 집단은 그 자체로 믿음의 공동체라고 볼 수 없다. 자연스럽게 존재된 집단이나 공통의 관심으로 인해 생겨난 집단은 변화의 가능성을 지닌 집단이다. 만약 기술적 또는 생물학적 환경이 이 집단의 존재를 위협하는 상황이 되면 이 집단은 결국 최후를 맞이하고 말 것이다. 하지만 믿음의 공동체 안에서 이러한 조건의 변화는 중요하지 않다. 믿음의 공동체를 계속해서 존속하게 하는 유일한 조건은 바로 이 공동체가 가지고 있는 믿음이 유효한가 유효하지 않은가 라는 것이다. 궁극적 관심에 기초를 두고 있는 공동체는 일시적인 관심에 의해, 그리고 그것이 제대로 충족되지 않은 것으로 인해 파괴될 위험성을 가지고 있지 않다. 유대인들의 역사는 바로 이 주장을 가장 놀랍게 증거하고 있다. 인류 역사 안에서 그들은 믿음의 궁극적이고 무조건적인 성격을 가장 잘 드러내 준 산 증인들이었다.

만약 믿음의 문화적, 신화적 표현들이 상징적 성격으로서 이해되지 못한다면 그것들은 의미를 가지지 못할 것이다. 우리는 문자주의가 가져온 왜곡된 결과들에 대해 살펴보았다. 문자주의에 반대하는 일들은 자주 일어났다. 믿음의 공동체는 신화와 의식을 가장 먼저 소멸되어야 할 것으로 선정하여 그것들을 공격하였다. 신화는 종교철학에 의해 대체되었다. 그리고 의식은 도덕적 요구들과 규범들에 의해 대체되었다. 이러한 상태가 잠시 동안 지속되는 것은 가능했다. 왜냐하면 문자주의에 반대하는 사람들은 그렇게 하는 것이 옳다고 믿었기 때문이다. 그들은 믿음의 표현들을 인식했지만 정작 믿음 그 자체에 대해서는 인식하지 못했다. 그래서 우리는 이러한 모습을 통해 비종교적 도덕이라 할지라도 그곳에는 고도의 질서가 존재할 수 있고 믿음과 도덕 사이의 상호의존성은 거부될 수 있다는 사실을 알게 된다. 하지만 이러한 가능성에도 한계가 있다. 모든 도덕 체계의 기초가 되는 궁극적 관심이 없이는 모든 도덕 체계는 사회적 요구들을 조정하는 수단으로 전락되고 만다. 그 사회적 요구들은 궁극적 차원에서 정당화될 수 있는 것들인지 될 수 없는 것들인지 알 수도 없는 것들이다. 또한 진정한 믿음의 성격을 가진 무한한 열정은 증발해 버릴 뿐 아니라 맹신적 믿음의 극렬한 공격과 맞서 싸울 수 없는 겉모습뿐인 계산에 의해 대체된다. 이것이 바로 엄청난 규모로 서구 문명 세계에서 일어났던 현상이다. 서구 문명에서 도덕적 힘은 활동적인 종교 공동체의 구성원들 안에서 보다 인본주의적 믿음을 가진 사람들 안에서 더욱 강하게 유지되어 왔다. 하지만 그것은 일면만을 보고 있는 것이다. 인본주의적 믿음을 가진 사람들 역시 믿음을 소유하고 있다. 그들은 인간의 존엄성과 자아 실현에 대한 궁극적 관심을 가지고 있다. 그들 안에도 종교적 본질이 숨쉬고 있다. 하지만 만약 그들의 믿음이 세대를 거치면서 새롭게 갱신되지 않는다면 그들의 믿음은 다음 세대에서 사라져 버릴지도 모른다. 믿음이 계속해서 전승되기 위해서는 신비주의적이고 의식적인 상징들의 충격이 계속되는 믿음의 공동체 안에 속해 있어야 한다.

　독립적으로 존재하는 도덕이 왜 자신의 종교적 뿌리를 배신했는가에 대한 이유들 중 하나는 상징과 신화들이 기독교 교회의 역사를 포함한 종교의 역사 안에서 왜곡된 상징과 신화의 의미를 받아들였기 때문이다. 믿음의 의식적 상징들은 물리적인 힘처럼 어떤 효과를 가지고 있는 마술적 실체들로 왜곡되어 왔다. 그 마술적 실체들은 인간의 궁극적 관심이 표현된 믿음의 행위를 받아들이고 있지 않은데도 말이다. 이 마술적 실체들은 인간이 할 수 없는 일들을 수행할 수 있는 거룩한 능력을 가진 것으로 간주되었다. 이러한 성례적 행위의 미신적 해석은 인본주의자들의 저항을 야기시켰다. 그래서 인본주의자들은 종교 없는 도덕이라는 이상을 향해 치달았다. 성례적 미신의 거부는 개신교가 일으킨 종교 개혁의 주요한 내용들 중 하나였다. 하지만 개신교는 저항을 통해 의식적인 미신들뿐 아니라 진정한 의식의 의미와 성례적 상징들마저 제거해 버렸다. 이러한 방법으로 개신교는 종교 없는 도덕, 즉 도덕을 독립적 관점으로 보는 경향에 편승했다. 하지만 믿음의 표현들 없이는, 그리고 그 표현들에 인격적으로 참여하는 것 없이는 믿음은 생명력을 유지할 수 없다. 그래서 오늘날 개신교는 이러한 통찰들을 인식함으로써 의식과 성례를 새로운 시각으로 평가하기 시작했다. 거룩한 것을 바로 지금 경험하게 하는 상징들 없이는 거룩한 것의 경험은 사라지게 된다.

인간이 가지는 궁극적 관심의 신화적 표현에 있어서도 이것은 동일한 사실로 적용된다. 만약 신화가 문자적으로 이해된다면 철학은 이것을 불합리한 것으로 간주해 거부할 것이다. 이것은 거룩한 이야기들을 비신화화할 것이다. 이것은 신화를 종교의 철학으로 변형시킬 것이며 결국에는 종교가 없는 철학으로 변형시킬 것이다. 하지만 만약 신화가 궁극적 관심의 상징적 표현으로 해석된다면 신화는 모든 종교 공동체의 중요한 창조물이 될 것이다. 이것은 철학이나 독립적으로 존재하는 도덕의 규범에 의해 대체될 수 없다.

의식과 신화는 믿음의 생명력을 유지시켜 준다. 그것들이 없다면 믿음은 완전해질 수 없다. 궁극적 관심이 없다면 믿음은 완전해질 수 없는 것처럼 말이다. 믿음의 삶은 의식과 신화에게 의존하고 있지만 이것을 이해하고 있는 사람은 거의 없다. 그것들은 공동체의 믿음을 표현하며 공동체의 구성원들이 자신의 개인적 믿음을 내보일 수 있게 한다. 그것들이 없다면, 그리고 그것들이 이용하고 있는 공동체가 없다면 믿음은 사라지게 될 것이며 인간의 궁극적 관심은 은폐될 것이다. 그리고 독립적으로 존재하는 도덕들이 단 기간 안에 도래하게 될 것이다.

믿음과 믿음의 충돌

종교적 영역에서뿐 아니라 세속 문화에서 많은 종류의 믿음의 공동체는 존재한다. 우리가 살고 있는 현 세계에서 이것들의 대부분은 상호 연결되어 있고 인내하는 태도로 서로를 대하고 있다. 하지만 여기에도 몇 가지 중요한 예외들이 존재한다. 그것들 중 많은 것들은 정치적, 사회적 압력 아래에서 생성되었다. 무엇보다 믿음의 정치적 유형들은 대표적인 예외의 예이다. 이것들은 전체주의적 믿음의 유형들을 포함할 뿐 아니라 그 유형들에 대한 반작용으로, 그리고 그 유형들로부터 자기 자신을 방어하기 위한 수단으로 민주주의적 믿음의 유형들까지 포함한다. 이러한 예외들은 종교적 영역에서도 존재한다. 공식적 교리를 신봉하면서 자기 자신만이 배타적인 진리를 소유했다고 주장하는 로마 교회와 개신교의 근본주의자들은 다른 모든 형태의 기독교들과 종교들을 부정적인 시각으로 바라본다. 이러한 믿음의 성격은 다른 믿음을 가진 사람들에게 쉽게 편협한 것으로 이해된다. 만약 믿음이 궁극적 관심의 상태이고 모든 궁극적 관심이 자기 자신을 구체적으로 표현해야 한다면 궁극적 관심의 특별한 상징은 자기 자신의 궁극성에 참여한다. 이것은 그것 자체로 무조건적인 것이 아님에도 불구하고 무조건적 성격에 참여한다. 이러한 상황은 우상숭배의 원천이 되기도 하며 편협함의 원천이 되기도 한다. 궁극적인 것을 표현하는 것은 다른 모든 표현들을 거부한다. 거의 불가피하게 이것은 맹신적이 되거나 악마적이 된다. 이것은 자기 자신의 궁극적 관심의 구체적 표현을 심각하게 받아들이는 모든 종교들 안에서 일어난다.

   기독교는 다른 구체적인 종교들이 궁극성을 향한다는 명분으로 자신들을 높이는 행위를 거부하고 있지만 기독교 역시 십자가의 상징을 통해 이러한 현상을 초래하고 있다. 고전적 신비주의가 가진 장점은 궁극적 관심의 구체적 표현을 심각하게 받아들이지 않았다는 것이다. 그리고 모든 종교들의 기초가 되는 일련의 구체적인 상징들을 침범할 수 있었다는 것이다. 이와 같은 궁극적 관심의 구체적인 표현에 대한 무관심은 매우 관대한 성격을 지녔다. 하지만 이것은 실체의 존재적 왜곡들을 변화시킬 수 있는 능력은 부족했다. 한편 유대교와 기독교 안에서 실체는 역사 속에 계신 하나님의 이름 안에서 변화되었다. 배타적인 선지자적 일신교는 한계를 가진 이교주의의 신들과 맞서 투쟁했다. 이 일신교는 구약 성경을 통해 보편적인 정의의 메시지를, 신약 성경을 통해 보편적인 은혜의 메시지를 전했다. 이 모든 것은 유대교와 이슬람교와 기독교를 어떤 면에서 맹신적이고 편협한 종교로 만들었다. 이 정의의 종교들은 인도의 신비주의적이고 관용적인 종교를 받아들일 수 없다. 이러한 종교들은 편협하게 될 수 있을 뿐 아니라 급기야 광신적이고 맹신적이 될 수도 있다. 이것이 바로 선지자적인 배타적 일신교와 신비주의적인 초월적 일신교 사이의 차이점이다.

여기서 한 가지 질문이 야기된다. 그것은 "믿음과 믿음의 충돌은 반드시 기준 없는 관용 또는 자기 비판 없는 편협함 중 하나에 이르러야 하는가?"라는 것이다. 만약 믿음이 궁극적 관심의 상태로 이해된다면 이러한 양자택일의 상태는 극복될 것이다. 모든 믿음의 기준은 그 믿음이 표현하고자 하는 궁극적 대상의 궁극성이다. 모든 믿음의 자기 비판은 모든 믿음이 나타내고 있는 구체적 상징들 안에 상대적인 유효성이 존재한다는 통찰력이다.

이것으로부터 전환의 의미는 이해될 수 있다. '전환conversion'이라는 용어는 제대로 사용되기가 매우 어려울 만큼 함축적 의미를 가지고 있다. 이것은 부족한 궁극적 관심의 상태(더욱 정확히 말한다면 숨겨져 있는 궁극적 관심의 상태)로부터 깨어나 궁극적 관심에 마음을 열고 그것을 의식적으로 인식하는 것을 의미한다. 만약 이러한 의미가 정당하게 받아들여진다면 모든 영적인 경험들은 전환의 경험이라고 말할 수 있다.

또한 전환은 하나의 신념 체계로부터 다른 신념 체계로 변화하는 것을 의미한다. 만약 이러한 의미가 정당하게 받아들여진다면 전환은 궁극적 관심의 문제로 해석될 수 없을 것이다. 하지만 만약 궁극적인 것의 궁극성이 오래된 신념 안에 있을 때보다 새로운 신념 안에 있을 때 더 잘 보존될 수 있다면 이것은 중요한 의미를 부여받을 수는 있다. 즉, 이러한 경우, 전환은 궁극적 관심의 문제로 해석될 수는 없지만 매우 중요한 문제로 취급될 수는 있다.

서구 세계에서 믿음과 믿음이 충돌했던 가장 중요한 예는 세속적 신념의 형태들과 기독교의 믿음 간의 충돌이다. 궁극적 관심이 없는 세속주의는 결코 존재할 수 없기 때문에 세속주의와의 충돌은 믿음과의 충돌이라고 할 수 있다. 이러한 충돌을 적합하게 다루는 행위의 방법은 두 가지가 존재하며 적합하지 않게 다루는 행위의 방법 또한 두 가지가 존재한다. 상황에 적합한 두 가지 방법 중 첫 번째 방법은 이러한 갈등적 요소들이 방법론적 연구를 통해 접근될 수 있는 것들이라면 최선을 다해 접근해 보는 것이며, 두 번째 방법은 이러한 갈등적 요소들에게는 전환이 필요하다는 사실을 보여주는 것이다. 믿음과 믿음의 충돌을 다루는 적합한 태도는 바로 이러한 두 가지 방법을 조합하는 것이다. 이것은 궁극적 관심은 논쟁의 문제가 아니라는 사실을 인정하게 만든다. 그리고 궁극적 관심의 표현 안에는 순수한 인식의 수준을 통해 토론되어야 할 요소들이 존재한다는 사실을 인정하게 만든다. 믿음의 상징들을 놓고 다툼이 일어나는 모든 상황에서 이러한 두 가지 방법들은 사용되어야 한다. 이것은 믿음의 구체적 표현에 대한 광신주의적인 태도를 불식시키며 궁극적 관심을 총체적 인격의 참여로서 이해시킨다. 전환은 논쟁을 통해 우세한 입장을 차지하는 식의 문제가 아니다. 이것은 인격적인 복종의 문제이다.

논쟁적 측면은 다른 수준에서 존재한다. 만약 어떤 사람이 사명감을 가지고 많은 사람들을 하나의 믿음에서 다른 믿음으로 전환시키려고 시도한다면 그는 총체적으로 인본주의 안에서 믿음의 통합을 시도하고 있는 것이다. 인류 역사의 과정 안에서 이러한 통합이 잘 이루어질 것이라고 확신할 수 있는 사람은 아무도 없을 것이다. 하지만 이러한 통합이 모든 시기들, 모든 장소들에서 인류가 가졌던 갈망이자 희망이었다는 사실을 부정할 수 있는 사람도 아무도 없을 것이다. 하지만 표현된 궁극성과 궁극성 그 자체가 구별되지 않고서 이러한 통합에 도달한다는 것은 불가능하다. 보편적 믿음에 대한 주장은 오래전 선지자들이 취한 태도였다. 이것은 맹신주의를 양산했다. 그래서 그것은 진정으로 궁극적인 것을 위해 거부되어야 했다. 비록 보편적 믿음은 인간이 자기 자신의 믿음을 보편적으로 표현할 수 있는 상징, 즉, 모든 것을 포용할 수 있는 상징을 생산해냈던 모든 위대한 종교들의 희망이었지만 그것은 결코 하나의 구체적인 상징 안에 있는 믿음을 표현하지 못했다. 이러한 희망은 종교가 가진 상징들이 조건적이고 비궁극적인 성격으로 인식될 때만 정당화될 수 있다.

 기독교는 '그리스도의 십자가$^{cross\ of\ the\ Christ}$'라는 상징 안에서 이러한 인식을 표현한다. 비록 기독교 교회들은 궁극성을 자기 자신만이 표현할 수 있는 특별한 궁극성으로 간주함으로써 이러한 상징의 의미를 무시했지만 말이다. 기독교는 극렬한 자기비판을 통해 가장 보편적인 종교로 승화될 수 있다. 기독교가 이 자기비판을 기독교의 생명 안에 있는 능력으로서 발휘한다면 말이다.

| 결론 | 현대에 있어 믿음의 가능성과 필연성

믿음은 모든 역사적 시기에 존재했다. 하지만 이러한 사실이 믿음의 필연적인 가능성과 필요를 증명해주고 있는 것은 아니다. 마치 미신처럼 이것은 인간의 진정한 본질을 실제적으로 왜곡시킬 수도 있다. 이러한 인식을 통해 많은 사람들은 믿음을 거부하고 있다. 그래서 이 책은 이런 질문을 제기했다. 사람들은 어떤 타당한 이유로 인해 믿음이 왜곡되고 있기 때문에 믿음을 거부하고 있는가 아니면 어떤 타당한 이유가 없는데도 불구하고 단지 믿음이 왜곡되고 있다고 느끼기 때문에 믿음을 거부하고 있는가? 그에 대한 대답은 결코 어렵지 않다. 그것은 바로 사람들은 믿음의 본질을 완전히 잘못 이해하고 있기 때문에 믿음을 거부하고 있다는 것이다. 그래서 이 책은 잘못 이해되고 잘못 해석될 뿐 아니라 왜곡되기까지 한 믿음의 유형들에 대해 생각해 보았다.

믿음은 이해하고 묘사하기가 매우 어려운 하나의 개념이자 실체이다. 그래서 믿음을 묘사하고 있는 모든 용어들은, 심지어 내가 이 책에서 기술한 용어들까지도 잘못된 해석일 가능성을 가지고 있다. 믿음은 다른 것들과 비슷하게 취급될 수 없다. 왜냐하면 믿음은 다른 것들처럼 주변에서 일어나는 현상이 아니기 때문이다. 이것은 인간의 인격적 삶 한 가운데서 일어나는 현상이다. 이것은 분명하게 드러남과 동시에 숨겨져 있다. 이것은 종교적임과 동시에 종교를 초월한다. 이것은 일반적임과 동시에 구체적이다. 이것은 무한히 변화하면서 동시에 항상 동일하다.

믿음은 인간의 본질적인 가능성이다. 그래서 믿음이라는 존재는 필연적이고 보편적이다. 그리고 이러한 믿음의 필연성과 가능성은 오늘날에도 역시 존재한다. 만약 믿음이 가장 핵심적인 의미 즉, 궁극적인 관심으로서 이해된다면 믿음은 그 어떤 현대 과학 내지는 그 어떤 철학에 의해서도 훼손되지 않을 것이다. 그리고 미신적인 믿음들이나 교회들과 종파들과 운동들 안과 밖에서 일어나고 있는 그 어떤 권위주의적 왜곡들에 의해서도 손상되지 않을 것이다. 믿음은 자신을 공격하는 세력들에 맞서 스스로를 지탱하고 정당화시킬 수 있다. 왜냐하면 믿음을 공격하는 세력들 역시 또 다른 믿음 즉, 자기들만의 믿음을 가지고 믿음을 공격하고 있기 때문이다.

믿음의 역동성은 승리할 수밖에 없다. 왜냐하면 믿음의 부정 역시 믿음 그 자체 즉, 궁극적 관심의 표현이기 때문이다.